JLA 図書館実践シリーズ …………… 11

手づくり紙芝居講座

ときわひろみ 著

日本図書館協会

Let's make original kamishibai

手づくり紙芝居講座 ／ ときわひろみ著. - 東京 : 日本図書館協会, 2009. - 194p ; 19cm. - (JLA図書館実践シリーズ ; 11). - ISBN978-4-8204-0824-6

t1. テヅクリ カミシバイ コウザ a1. トキワ, ヒロミ (常盤洋美) s1. 紙芝居 ① 015.8

はじめに——紙芝居からの発見

　紙芝居はおもしろいものです。一度，心を動かされる作品にでも出会ったら，もうどうにもやめられない，また見たくなるのです。
　なぜ，せいぜい12,3枚の紙を人に読んで（演じて）もらうだけの行為に，その場を立ち去りがたいほどの魅力を感じるのでしょうか。
　私はこの30年近く，ずうっと紙芝居をつくり，演じてきました。また紙芝居づくりのお手伝いもしてきました。それでも強く思うのです。
　子どもも大人も，紙芝居を見ながらよく笑い，うなずき，心配そうな顔をして隣と顔を見合わせます。拍手をします。いつの間にか，観ている人たちがみんな和やかな顔をして友達になっています。演じる私も友達です。
　だから，終わっても会場からいつも離れがたく，世の中みんないい人ばかりだなと思ってしまいます。
　なぜでしょう。おもしろいおはなしを届けているからかな，気持ちをこめて演じているからかな……生の声で，間近で演じているからかな……？
　たしかに今は昔より，子どもも大人もつまらなそうに生きています。子どもは，あふれるほどの食べ物と，物と，遊んでくれるゲームやテレビなどが常にそばにあって，ちょっと悩んだら専門のカウンセラーまでいます。いつも守られています。でも，なかなか自分を表現できません。誰もが親切そうな顔をしていますが，あたたかい肉声で抱きしめられることはありません。

豊かな豊かな文化を享受できる時代。生きる基準も変わったかと思える時代。
　しかし、敏感な子どもたちは気づいて黙ってみているのです。時代に翻弄されている大人たちを、このバーチャルな社会の真底を。"本当の人間らしさって、こんなもんじゃないよ。人はそれぞれが自分で考え、悩み、判断して自分で行動していく自由があるんだ。誰もが自分を主張していいんだ。そしてみんな一人一人が違うんだ。違う一人なんだ。それを認め合って生きていくべきなんだよ"と。
　同時に、それに気づけない、育てられていない子どもたちもたくさんいます。こんな生活に慣らされて、自分の目標も道もわからず言いなりになって、無感動、無表情のまま、いつもけだるく生きているのです。そして時々、爆発します。どちらもつまらなそうな顔をしています。
　そんな社会を、そんな重症な人間たちを紙芝居がどうこうできるわけではないけれど、作品を通じていろいろなメッセージを投げかけることはできます。紙芝居を見にきてくれる人たちに、少しはともに生きる喜びを分かち合えるのです。
　紙芝居は不思議な力をもっているのです。そんな発見をいつもしています。

　その紙芝居を描くのです
　描きたくなるのです
　子どもも大人も、架空の世界を創り
　心をほどき、そこで遊ぶ
　（私はここに　生きているぞー　と叫ぶ）
　（こごさきて　一緒に遊ぶべー　と友を呼ぶ）

さて,
その手伝い人は,荒れた海の魚群探知機
もちつきの相方
みこしかつぎのワッショイ
芝居の大向こう
ときどき山登りのシェルパ
できあがったら一緒に歓喜の踊り,ウッホホ
まことにとくな役回り

　さまざまな人たちがいろいろな世界,できごとをいろいろな思いで描いています。それをできるだけ具体的に伝えることに心がけたいのですが……そして創造の神が読者に宿るよう祈りをこめましたが……
　どうでしょうか。

　　　　　　　　　　　　　　　　　　　　　　　　ときわひろみ

目次

はじめに——紙芝居からの発見　3

●1章● 手づくり紙芝居はおもしろい …………9
1.1　紙芝居は,日本独自のもの?　9
1.2　なぜ,手づくり紙芝居がよろこばれるのか　17
1.3　紙芝居をつくる子どもたち——走れ!ゲームボーイ　24
1.4　図書館は命綱?——手づくり紙芝居と図書館　32

●2章● つくる——脚本・絵・演 …………38
2.1　脚本をつくろう　38
2.2　絵を描こう　45
2.3　さあできた,演じてみよう!!　51
2.4　紙芝居グッズ&イベント　60

●3章● いろいろ紙芝居 …………67
3.1　環境紙芝居　67
3.2　民俗芸能と紙芝居　69
3.3　平和紙芝居　72
3.4　福祉紙芝居　79
3.5　偉人の紙芝居　86
3.6　この頃ご当地の話題紙芝居　92
3.7　保育者の手づくり紙芝居　95
3.8　家族紙芝居　99
3.9　民話紙芝居　101
3.10　防災・防犯紙芝居　112

contents

●4章● 図書館づくり運動から生まれた紙芝居……121

4.1 『としょかんどろぼう』ができたいきさつ　122
4.2 「あのどろぼうさんたち,どうしてるの?」――いつでも,だれでも,あそこでも　127
4.3 「ソノホンワ,ココニワ,アリマセン,ピー」――『ロボット図書館の落日』今度描く予定の紙芝居の話　128
《紙芝居》としょかんどろぼう　131

●5章● これからの紙芝居……146

5.1 大人のための紙芝居　146
5.2 老人介護と紙芝居　155

●6章● 文化運動としての手づくり紙芝居……172

主要参考文献　186

おわりに――企画者より　188

事項索引　190

著者紹介　193

1章　手づくり紙芝居はおもしろい

1.1　紙芝居は，日本独自のもの？

　紙芝居が今のような形態（平絵）になったのは1930年，満州事変の前の年のことです。といってもわからない人もいるかもしれませんが，日本が自らを泥沼の戦争に引っぱり込む原因をつくった大事件，キナくさいにおいが漂う頃の話です。

　さて，紙芝居の源をたどる旅に出る前に，アジアの国々に，はたして紙芝居のようなものはなかったのでしょうか。この引戸文化（紙芝居特有の開閉方法・抜く），この縦書文化（漢字文化圏の文字方向）。なにやらありそうな，と思うのは人の常です。

　インドにあるポトウァ（巻物を上に引っぱり上げながら昔話などを語るもの），中国には唐の時代に絵解きがあったそうですが，それ以外は見つけられません。

　ということで，日本独自の文化，紙芝居の源流といわれている絵巻に迫ることにしましょう。

(1)　絵巻

　絵巻とは，巻子状態のものに物語を絵画化して記したもの

で，平安時代からさかんにつくられてきています。もちろんすべて肉筆です。

　紙芝居に関係あるものは，この中の一つ「源氏物語絵巻・東屋（一）」（徳川美術館蔵，国宝）です。伴大納言絵巻・信貴山縁起絵巻と並ぶ日本三大絵巻の一つでもあります。注目してみると，描かれている女性たちの中に冊子を両手でささげ読んでいる右近という女房，その左奥に冊子絵を前に広げてみている主人公の浮舟の姿，つまり絵を見せ，詞書を読む，まさに紙芝居的所作の場面と見受けられます。実はこの場面，王朝貴族の女性たちが絵とともに物語を享受していた実態を示すものとして，「物語音読論」などにとりあげられる有名な場面です。しかし，紙芝居の側からみればあまりにも紙芝居的なのです。

　このほかの絵巻にも，詞書を読みながら絵を描いている場面（慕帰絵詞　巻第五第二段，西本願寺蔵），子ども同士で絵巻を腹這いになって読み聞かせている場面（春日権現験記絵　巻第五第二段，宮内庁三の丸尚蔵館蔵）がみられます。

　また，絵巻は特有のストーリー展開の方法やそれに伴う絵の描き方などに，紙芝居に通じるものが多々見受けられます。

(2) **絵解**

　庶民がお寺で見せられていたのが絵解です。仏教を理解させるため，お説教への興味を増してもらうための視聴覚資料というわけです。その形態は，掛軸状の掛幅絵，壁画，屏風絵，絵巻で，内容は日本仏教各宗の宗祖の絵伝，寺社縁起，地獄極楽，経典絵解，まんだらなどです。後に経典の主旨を説きながら有名な伝説を織り込み，誰もが心引かれる物語と

したものも現われています。

　絵解はこれらの絵物語を棒で示しながら説明するのですが，次第に絵解特有の説明技術が工夫され，節談説法（ふしだん）というものが現われます。言葉に抑揚をつけ，観客の感動をいやが上にも高めたのです。新しい話芸の出発です。ちなみに，落語の開祖の一人とされる「醒睡笑」の作者，安楽庵策伝は「まんだら絵解」の宗匠でもあります。

　中世の頃より絵解は一種芸能化するものも現われ，さらに大衆化していくのですが，ストーリー性のある絵画を指し示しながら説く絵解は，紙芝居の源流としての力を次の世に送ることとなります。

(3) のぞきからくり・のぞきめがね

　元禄時代，「のぞきからくり」が現われ，庶民の間に話題となりました。これはその頃，江戸で評判をとっていた竹田芝居というからくり人形を使っての芝居を模倣してみせたのが始まりで，やがては物語絵を，いくつかののぞき穴をつけた屋台をつくってみせて説くというものになり，庶民の娯楽として明治から昭和のあたりまで続く文化として発展したのです。祭や縁日にはなくてはならないものとして，祭囃子の中のぞき穴に顔を寄せる人々の絵が今も残っています。

　妹尾河童の『少年H』にも登場しますが，内容は子ども向けとはいいがたく，この時も「八百長お七」や「小栗判官一代記」「お染久松」「不如帰」（ほととぎす）など，芝居等で評判をとったものなどが多かったといいます。

　また，語りは祭文節から，七五調ののぞき独自の歌詞と節回しの「からくり節」が登場し演じられるようになります。

さて，元禄から明治・大正までの「のぞきからくり」「のぞきめがね」の歴史の中で，庶民への啓蒙，娯楽，芸能のほかに特筆しなければならないのは，「眼鏡絵」という西洋画法を葛飾北斎や安藤広重に先がけて取り入れ，大衆化させたことです。これは，日本の美術史上に残る大きな功績となっているのです。

これもまた，絵をみながら話を聞くということで，紙芝居につながるわけです。

(4) 写し絵

写し絵は江戸時代の末に，日本でつくられた初めてのカラーのアニメーションです。エキマン鏡と呼ばれる渡来の幻灯機をヒントに，亀屋都楽が工夫・開発しました。風呂と呼ばれる改造幻灯機（光源は灯明）を巧みに操作し，投影しながらおもしろおかしく演じ，江戸でたちまち大評判をとったといわれています。

それはそうでしょう。からくり人形は見たことがあった江戸の人たちも，ズーミングやオーバーラップ等の映画と同じような映写技法が使われ，つぼみの花がまたたく間に満開になったり，人の手足が動いたり，キツネが人間にドロンと化けるのを見せられたのですから，仰天したわけです。

江戸の寄席では鳴物口上入り，説教節で演じられたところもあったといいます。ちなみに，関西では錦影絵，影絵人形と呼ぶところもあります。

しかし，写し絵も時代の波には勝てず，明治以降，それまでの灯明からランプへと変わるあたり，本物の映画の登場で消え行く運命をたどるのです。

(5) 立ち絵

　次に現われたのが立ち絵、ご存じのペープサートです。いよいよ紙芝居に近くなった。というより、これが「紙芝居」（紙が芝居をするから）と呼ばれていたのだから紛らわしいことです。

　立ち絵は、10cm×20cmくらいの紙2枚に絵を描き切り取ったものを合わせ、竹串につけて演じます。黒幕の前で動かすので、立絵人形のまわりの余分なところは黒く塗れば絵だけがくっきり浮かびます。写し絵よりも簡単です。写し絵のあの変わり身の術も、手法は違いますが、裏と表に異なる絵を描きくるりとまわせば、人がキツネになるくらい造作なくできます。

　最初は歌舞伎座をまねた小屋掛けをして、鳴物と銅鑼、太鼓、拍子木などを使い、仰々しく祭や縁日で木戸銭をとってやったものの、折からの不況で立ち絵をする人が多くなり、経済的に立ち行かなくなりました。そこで舞台を自転車に乗るくらいに小型化し、木戸銭代わりにアメを売る、そしてお客は子どもということになったのです。演目は、子ども向けに『西遊記』『猿飛佐助』『石川五右衛門』などがありました。

　さて、いよいよこれより平絵、今の紙芝居形式の誕生のときを迎えます。

(6) 平絵

　それは1930（昭和5）年のこと、立ち絵の仕事に行き詰った2人の青年、田中次郎と後藤時蔵は、その頃絵話で仏教の説教をしている人の話を耳にします。そこでひらめいた2人は、さっそく画家に本格的な絵物語を描いてもらい、見料代

わりのアメをもって街へと繰り出しました。そのときの絵のサイズは葉書大で、舞台なしという簡単なものでした。ところがそれは子どもたちに受け、次から次へと新しい作品を要求されました。

　ひょうたんからコマ、のたとえのごとく、思いがけなくも当たったこの小さな文化は、かの歴史的な『黄金バット』（鈴木一郎作、永松武雄絵）の出現をきっかけに、東京の下町を発火点として破竹の勢いで広がっていくのです。

　1933（昭和8）年、紙芝居屋の数は東京だけでも2,000人いました。1935年頃に一度目、終戦後の1945年から10年ほどの時期に二度目の最盛期を迎えます。子どもたちは毎日夕方、自転車に乗ってやってくる紙芝居屋のおじさんを心待ちにしていたのです。

　テレビもラジオもない時代、唯一の文化としてその教育的影響が心配されたのはいわずもがな、でしょう。

(7) 伝道紙芝居

　子どもたちが熱狂してやまない街頭紙芝居に注目したのが、キリスト教の伝道をしていた今井よねです。1933年、さっそく布教教宣のためにと街頭紙芝居の画面構成、ストーリー展開の妙味を取り入れて、初めての印刷紙芝居を刊行しました。作品として『クリスマス物語』『イエス伝』ほかがあります。

(8) 保育紙芝居

　1931（昭和6）年、子ども雑誌の編集をしていた髙橋五山は、会社が倒産したのをきっかけに、全甲社という出版社を設立

しました。そして、その頃いわれ始めていた街頭紙芝居が子どもたちに与える害悪を憂え、保育に密着した、子どもが一体となって喜び、子どもの心を育む芸術性の高い紙芝居を出版しました。

　作品として『七匹のコヤギ』『金のさかな』などの名作紙芝居、仏教紙芝居5巻などがあります。

(9) 教育紙芝居

　この頃、教師や児童文学者たち（松永健哉、国分一太郎、川崎大治、堀尾青史、稲庭桂子など）が教育的な紙芝居の創造と普及を目的に集まりました。中心メンバーが生活綴方運動の旗手だったので、全国の教師を組織することができ、1938年「日本教育紙芝居協会」を設立、作品を次々と刊行していきました。1934年、松永健哉が謄写版印刷（ぬり絵式紙芝居）で『人生案内』を刊行しました。これは、その頃話題だった同名のソ連映画をもとにした作品です。

　この時期、川崎大治が手づくり紙芝居などをもって秋田県旭村農繁期保育所で行った活動の実践記録が『日本の幼稚園』（上笙一郎・山崎朋子著、ちくま学芸文庫）に詳しく載っていますが感動的です。

(10) 国策紙芝居

　1940（昭和15）年、この頃より国策紙芝居が出版されるようになります。国策紙芝居とは、銃後物語、体位向上、勤倹貯蓄、スパイ防止などを内容として、国民の戦意を高揚させる紙芝居です。学校や幼稚園はもとより、隣組、青年団、炭鉱、工場、農村など全国のあらゆるところで演じられました。

実演技術の指導もされて、実演者は見る人の注意をそらさないように、舞台の裏にすっかり姿を隠すのがよい、などの指示を受けていました。

作品としては『軍神の母』『櫛』『爪文字』『家』『頼山陽の母』など名作も多く残っています。

(11) 戦後の紙芝居

戦後、『黄金バット』（加太こうじ作）で街頭紙芝居が復活しました。昭和20年代前半に2度目の隆盛期を迎えましたが、1953（昭和28）年にテレビ放送が始まるや急激に衰退、ゲーム、進学熱等で大衆文化の表舞台からは撤退していきました。

教育紙芝居（印刷紙芝居）では、『平和のちかい』（稲庭桂子脚本、佐藤忠良画）が出版され、ベストセラーとなりました。その後、さまざまな難局にもめげず、現代まで紙芝居製作が行われ、絵本とも異なる双方向性の文化として、その力を見直されているのです。

(12) 手づくり紙芝居

「1952年頃から地域での紙芝居づくりがはじまった。東北大学の学生がつくった『王城寺物語』、京都の『祇園まつり』等、郷土の物語をほりおこし大型の紙芝居にする動きが方々で起った」という稲庭桂子の話が、『紙芝居－創造と教育性』にあります。そのほか、さまざまな文献のここかしこに手づくり紙芝居のことを、少しずつではありますが見出すことができます。

それは大学や短大、小・中・高校の授業の一環や図書館、

公民館等での手づくり紙芝居講座，その後にできたグループでの実践などです。

　最初の頃は，よく絵本を模写してつくったという話などもありましたが，この2，3年，紙芝居と絵本の機能の違いが徹底してきたこと，それより著作権法の遵守がやかましくいわれるようになったせいか，堂々と発表されなくなってきています。

　全国ほとんどの町で手づくり紙芝居がつくられていると思いますが，その狭義性ゆえに表面化しないというきらいもあるのでしょう。それが手づくりとしての一つの価値のような気もしますが，よい作品はやはり多くの人に見せてほしいものです。一つのメッセージ性をもって燎原の火のごとく広がり，各方面に力強い影響力を与える手づくり作品もたくさんあるのですから。

　手づくりでしかできない分野，手づくりだからこそ価値をもつものもあります。「やはり野におけれんげ草」などとさびしい突き放し方はせずに，これからも手づくりの仲間と連携をとり，ともに人間味のある作品づくりの歴史をつむぎ続けていきたいと思っています。

1.2 なぜ，手づくり紙芝居がよろこばれるのか

(1) なぜつくるのか

　このところ手づくり紙芝居の人口が増えてきています。グループの数も，西高東低の傾向はあるにしても，確実にその勢力は拡大してきています。

　歴史的にみても，戦前戦後の一時期，子どもたちの心をし

っかりつかんでいた紙芝居の元祖，街頭紙芝居も一品物の手づくりでした。それに刺激され生まれた教育紙芝居の前身も，子どもの心を育むために奮闘した人たちの，子どものための手づくり紙芝居でした。手づくり紙芝居が，かたや子どもの娯楽を，かたや子どもの教育を担ったわけです。

現在，街頭紙芝居はイベント等で活躍し，教育紙芝居は印刷紙芝居の主流として存在し続けています。そして，手づくり紙芝居は社会の中の庶民の文化運動として，印刷とは異なる分野を開拓しながら，力強く活動を続けているのです。

さて，手づくり紙芝居の仲間は，どんな気持ちから紙芝居をつくっているのでしょうか。よくみてみると大まかに二つに分かれているのがわかります。一つは純粋な創作意欲から，もう一つはそれぞれのニーズにあわせてつくる手づくりならではの紙芝居，とでもいえるでしょうか。

(2) 創作意欲からつくる

① 子どもたち

創作意欲からつくる紙芝居は，私がかかわるいつもの手づくり講座でも作品の3分の2以上を占めています。子どもたちは100％これです。

人が生まれながらにしてもっている想像力とそれを根拠にさまざまなものを創造する力で，紙芝居表現をするのです。もっと手っ取り早くいうと，おもしろいからつくるのです。

紙芝居を描く年齢は3歳くらいから老人まで，性別は問いませんが，大人の場合は女性が圧倒的だったのが，近年とみに男性の数が増えています。3歳児からとは驚くでしょうが，事実ようやくおしゃべりができるようになった3歳児が，「頭

足人間」や本人から説明を受けなければ到底わからない絵を描いて，小学生や大人の中に入って，長い時間飽きもせず紙芝居をつくっています。

　子どもたちは生まれて1年もたつと，絵を描き始めます。まわりの大人たちが意識的にさわらない限り，生きていくため，育っていくために気の向くままにどんどん描いていきます。おはなしも大人が考えられないことを思いつきます。そんなとき，波長の合ったおもしろい紙芝居などを見ようものなら，自分でも描いてみたくなるし，演じてみたいと思うのは当然のことです。大人がていねいに接していけば，舌足らずの言葉で自分の紙芝居をうれしそうに演じる姿までもがみられるというわけです。

紙芝居づくりの「子ども部門」で一番多いのは，なんといっても小学生の低・中学年です。講座の日，イキのよい子から，そうでなく親に言い聞かされ連れてこられる子どもたちまでドヤドヤとやってきます。後者の子どもは，茫洋とした戸惑いの海でアップアップしているのがよくわかります。その子たちとだいたい5日間くらいかけて紙芝居をつくり，完成させ，演じるまでもっていきます。

　子どもたちが変化するプロセスはほかにも書きましたが，人のもつ創作意欲なるものは，近頃わりと早めにピタッと蓋をされた状態になるようで，その蓋を取り払うのが紙芝居づくり，つくりながら本来の子どもらしさを取り戻すのです。

　自分の思ったことを紙芝居で描き，演じた子どもは，それこそまるでどこか冒険の国に一人で出かけていって帰ってきたように，誇らしげな表情をしているのがいつも印象的です。

　気難しくて，大人が扱いにくいと決めつけている中高生諸君も，手づくり紙芝居の前では素直です。今の自分と異なる主人公を登場させ，物語世界で自由に動かすおもしろみは，彼らの心を解放させているのでしょう。また創作は，心のバランスをはかる働きもあるのかもしれません。

　作品のテーマも，メルヘンから社会問題と幅広いし，絵は中高生ともマンガ・アニメの影響が大きいけれど，中には絵画としての紙芝居に目覚めつつある子どもたちもいて頼もしいものです。危うい未知数には，可能性が感じられます。

　演じる練習の日，彼らはだいたいノリノリの状態です。声の高低や緩急，明暗・強弱などを駆使して，自分の物語の登場人物にちょっとなりきり，声だけで演じます。人前で初めてセリフを言って，自分の声に戸惑う子，笑い出す子，あわ

てセリフを書き換える子，想像と現実のギャップを感じながら自分の物語世界を懸命につくりあげる様子は，さながら紙芝居劇場のディレクターです。

　1回の練習でも，彼らはかなり上達します。

　② **大人たち**

　大人の描く手づくり紙芝居の世界は多種多様ですが，おおかた現実生活に裏づけされていることが特徴となっています。

　子育て真っ最中の30代，40代の女性たちの描く子ども向けの作品は，生身の子どもをよく知っているせいか，イキがよくて大胆でのびのびしていて，ゆえに見る子どもたちの共感を呼びます。また何ごとにも前向きで，生活者らしい自信に満ちているのもこの世代です。台所の道具，冷蔵庫，洗濯機，食材にまで人格をもたせて，世相を風刺するパワーと軽やかさには脱帽します。

　50歳代以上も負けてはいません。今まで生きてきて，どうしても譲れないこと，戦争や生命の大切さを伝える話は，この世代の独壇場です。民話に挑戦するのもこの世代の人が多いようです。

80歳代以上の「紙芝居人」は，そのたおやかな生きざまや，じたばたしない人生観を作品に生かし，若いものの目標となっています。

(3) ニーズからつくる

　紙芝居は物事をわかりやすく深く伝えるということで，さまざまな具体的な思いをもった紙芝居が出現しています。印刷紙芝居が広義の普遍性を追究するならば，これらは地域や限られた必要に応える狭義の普遍性をもってつくられているといえるでしょう。

　障害をもった子どもを世間に知ってもらいたいという思いから描かれた紙芝居は，地域や学校で活用されてその子どもの生き方を明るくしたといいますし，町の戦渦を伝えた体験者の作品は，その町の子どもたちに具体的な平和の尊さを知らせたといいます。このようなひたすらな思いがこれからも紙芝居をつくり出していくのでしょうが，標語が描かれたポスターと違うのは，物語で伝える心があるということ，それに演者の心があるということを忘れてはならないでしょう。

(4) 演じるよろこび

　手づくり紙芝居をつくり上げるときのおもしろさはこれでわかっていただいたと思いますが，芝居という以上，演じることで見る人と心を通い合わせる，そのよろこびがあって初めて完成となります。

　紙芝居はテレビや映画などと比べて，双方向性のメディアといわれています。上手に演じれば，演者と観客の間にフィードバックの現象が起きるということになります。紙芝居の

横に立ち，観客とコミュニケーションをとりながら演じるとき，観客から伝わってくる共感の波動のようなものを感じる，そのことなのです。これと同じことが，昔読んだトルストイの芸術論にあったのを思い出します。

このあたりのことは，日本の口承文芸ではとうの昔からいわれていることです。その道の人たちがよくいう「今日のお客様はよかった。思いの外の芝居をさせていただき，途中で感極まりました」という，あのことなのです。

古今東西，この道の人たちは同じことを求めているということになるのですが，紙芝居の場合，脚本・画・演の三つ巴が功を奏していくのだから，ほかの芸術とは画があるがゆえに少しく異なります。しかし，その演劇性は同じことです。ということで，紙芝居を演じるよろこびに，これからもとっぷり浸りながら，ちょっと高尚な思いに心をはせていきたいと思っています。

(5) あと一つのよろこび

手づくり紙芝居をつくっていると，おもしろいことに気づきます。つくっている人たちの性格がとても似通ってくるということです。

だいたいの人が，人が好い，人好き，特に子ども好き，サービス精神旺盛，元気，少々粗忽者，「総合評価善良」なのです。それはそうでしょう。自分の気持ちを紙芝居で表現するところも，架空世界に入っておはなしをつくるのが好きだということもふつうではありません。明日の糧を求めてプロをめざしているのならともかく，講座の最終日，徹夜して目を真っ赤にして来る人たちを見ると，"ホントウニ，スキなんだなあ"と感動してしまいます。

　資料を探して図書館を何軒もハシゴして，ついには本をもったまま腰を抜かしたおじいちゃん，お見舞いに行ったら照れくさそうに「いやいや，オレ危うく紙芝居と心中するところだったよ」と言っていました。雪靴をはいて隣の県から朝一番の列車を乗り継いで来る人たち……"ふつうじゃないなー，すごいなー"と思いながら，手づくり紙芝居の魅力に今さらながら驚かされます。

　同時に，人は生きていることの証を表現するために紙芝居をつくっているのだと思います。こんな善良な人たちにめぐり会える，仲間が増える，友達ができる，それがもう一つの手づくり紙芝居をつくるよろこびにほかなりません。

1.3 紙芝居をつくる子どもたち——走れ!ゲームボーイ

(1) 紙芝居効果

　子ども向けの講座での話。会場は図書館の一室，対象は小学生20名，5日間の日程です。

　初日，だいたいの子どもが緊張しています。私も少し緊張しています。その目と目がピタリと合って思わずウフフ。こ

の瞬間，心がわくわくします。どんな物語が，どんな紙芝居がここで生まれるのだろうかと，期待感でいっぱいになるのです。

「では，最初にいろいろな紙芝居をしてみるね」と言って舞台の横に立ち，一巡り見回します。すると，いたいた，ここにもいた，話も聞かず，体をこごめ，指先をピコピコと動かしているゲームボーイが中ほどに一人。注意するか？　いいえ，彼は場の雰囲気がまだ読めないのだから，今はゲームがおもしろいのだからかまわずにおきましょう。あれはクセになるもの，なかなかやめられません。

まずは，紙芝居（手づくり）を立て続けに3本，心を自由に開放させるよう気持ちをこめて演じます。子どもたちの目つきがみるみる間に変わります。ゲームボーイもゲームを持ったまま紙芝居を見ています。声を立てていっしょに笑っていたから，やっぱり紙芝居が好きなんだな，と思います。ゲームに紙芝居が勝ったのかな？　まさか，そんなことはないでしょう。手ごわい相手だもの……。

さて，それからまたまた紙芝居です。今度は『ふつうのフーちゃん』という作品をはじめとする，いけないことや悪いことをしてしまう子ども，失敗をして叱られる子どもの話などなど10本を演じます。ふだん家でも学校でも禁止事項が多い子どもたちだから，目を輝かせて物語の中に入り込み，笑っています。

本来，子どもは好奇心が強い，いたずらもする，行動にもたくさんの失敗はつきものです。この時代しかできない冒険もあるでしょう。自分で考え，自分で決定し，行動していくおもしろみのある日々が，人を個性的な人間にしていくのに，

今はそれがなかなかできにくい状況です。
　子どもはあてがいぶちの文化の中で外にあまり出されず，みんなで仲よくたむろえるゲームなんかをあてがわれています。人のつくった物語の中で遊ばされているのです，安全でいいからと……。しかし，それだけでは悲しい。ということで，紙芝居の中でのびのびと子どもらしく生きているふつうの子どもと出会い，いろいろ考えてもらうという寸法です。
　やがて，みんなの瞳がいたずらっ子のようなくるくるしたまなざしになります。これでよし！　紙芝居づくりのスタートは切ったようなものです。
　子どもたちは早くつくりたくて，うずうずしているはずです。そこで，初日のエピローグは，おはなしづくりの基本的なノウハウをおもしろおかしく伝えること，そして宿題は，自分で自分のおはなしを考えて書いてくることです。
　さて，休み時間などを見ていると，子どもたちの間に微妙な変化が起きているのに気づきます。朝，部屋に来たときは知らない人同士だったのに，隣の子と話をしたり，笑い合ったりしているのです。これは「紙芝居効果」と私がいつも言っている現象で，どの会でも見ることができます。つまり，同じ紙芝居を同じ場で見て，同じように笑ったり感動しあったりした仲，隣を見たら隣の子も自分と同じように笑っていた，同じ気持ちなんだ，と思ったのです。そこで少し仲間意識が芽生えたということでしょう。次が楽しみになります。

(2) おはなしづくりで，てんてこまい
　２回目，この日はグループ分けして，数人が同じテーブルに座ります。これから，参加者全員の前で，宿題の考えてき

たおはなしを発表するのです。
「ちゃんとできなくてもいいよ。こんなおはなしをつくりたいけど，どうしたらいいかわからない，なんてことでもいいよ。みんなは，おはなしの世界の入口に来ているんだから。できあがるまでひっぱってあげる。それから約束，人が発表しているときは，きちんと聞こう。人のおはなしを聞いていると，自分のおはなしづくりのためになるよ。トクしちゃうんだよ」
「トクをする」というのがよくわかったのか，私語はほとんどしない，集中力満点の子どもたちです。
発表の途中で止まってしまう子，行き詰った子には，助け舟がササーッといきます。
「みんなはこんなときどうするか聞いてみようか。もし，もっとおもしろい考えがあったらもらっちゃおうよ」
とほかの子どもたちの考えを聞きます。すると，子どもたちはそれぞれが自分の考えを述べてくれます。立っている子どもは一々うなずき聞いています。
「いろいろな考え方があるよねぇ。みんなの心の中っておもしろいねぇ。みんなありがとう，みんなの考えを聞いたら，どうしたらいいかわかったでしょ？　さぁ，また自分でよ〜く考えてみようね」
不安そうな子どもの顔がやわらぎます。
子ども自身の考えを引き出す時間，私が一番がんばるのはこの時間です。

さて，あのゲームボーイは……ゲーム用語のあの特有のオノマトペをつぶやきながら一人物語づくり（？）に夢中です。

ほかの人の話なんか聞いていません。
「バシッ　バシッ」「ドガーン」「ドゥーッ」「ダダダダダダ」「ヒューン」「ピコンピコン」
　つばを飛ばし，音響入りで1枚の紙にこまごまと絵を描いています。ちょっとやそっとの声かけでは届かない世界にいるようです。
　彼は今，戦場でのワンシーンで闘っているコマンドです。これはゲームをしている行為で，ゲーム好きの子どもがよくやる物語づくりなのです。
「闘いなかなか終わらないね。疲れない？　ねぇ，この間の紙芝居おもしろかった？」
「うん」
「君，声出して笑ってたもんね。ああいう紙芝居，好き？」
「うん」
「今描いてるこの話，みんなにはむずかしすぎない？」
「うーん，そうだねぇ」
「じゃあ，この間みたいな簡単なのを描いてみようよ」
　道端でこれからやるいたずらの相談をする気分で，彼のストーリーづくりを手伝います。
「君，今ゲームのほかに興味を持ってるのは何？」
「トカゲ，家の庭にいる」
「何匹くらい？　庭のどこにいるの？」
「あのね，一つの家族は椿の木の下のところ。それから，もう一つはね，となりの石垣，10匹くらいいる。この間，脱皮したよ」
「へぇーっ，よく観察してるね。じゃあ……それでいこうか。君がトカゲになって冒険する話はどう？」

「ひえっ」彼は目と口を大きく開けて、おおげさに椅子から跳びあがります。
「そんなのになれるの？」
「なれるさぁ、これが紙芝居の世界だよ」
ゲームボーイの目がらんらんと輝きました。それから彼の目は空に漂いました。しばらくしてのぞいてみると、紙に字がびっしり書かれ、話ができかかっています。
時間は瞬く間に過ぎるものです。この後、紙芝居の脚本の書き方について、例を出しながら話します。ゲームボーイは、術にかかったように顔を上げ聞いています。

(3) 走れ！　ゲームボーイ
それから、いよいよ絵を描く日がやってきました。脚本にあわせて絵を描くのです。
ほとんどの子どもの頭の中に、絵はできあがっています。脚本を書きながらキャラクターが動き回っているはずです。図書館で資料を借りて用意周到の子もいます。
下絵を描き出すと、私の話などもう聞こえないように、どんどん描き進みます。

「大きく描こうね」「余計なものは描かないほうがいいよ」
　子どもたちの心は今，日常から解き放たれ，物語世界で遊び回っているのです。自分の描く主人公の姿に，声を上げて笑っている子もいます。
　しかし，ゲームボーイはそれどころではありませんでした。みんなより遅れをとっています。その上に絵が思うように描けません。せっかく自分をトカゲ君に変身させて，気持ちだけ自由に走り回っているのに……。
　「トカゲの足は，どこからはえてたんだっけ？　観察したけどよく動くからわからなかったんだ」
　ぽそぽそと訴えます。時間がない。どうしよう。
　するとそのとき，隣にいた少し学年が上の子が小さい声で話しかけました。
　「オレもさ，ツバメの尻尾の先がわからないんだ。いっしょに図書館に行こうよ」
　ゲームボーイのうれしそうな顔。
　「2人で図書館に行ってきます」
　彼は上ずった声でそういうと，図書館に向かって走り出しました。パタパタパタパタ……2人のズックの音が会場にしばらく聞こえました。
　自分の力で何かをつくり上げる子どもたちの様子は，そばで見ていても心を打ちます。
　ところで，手づくり紙芝居講座で子どもたちが変わる，とよくいわれます。人はそうたやすく変われるものではないから，一過性のものかもしれない，と思いながら，もしそうであるならば，子どもたちが紙芝居をつくりながら，心を自由にし，物語の中で動き回れる創造の楽しさを知ったから，そ

こで自分の生き方の一つを見つけたからかもしれないと思うのです。ともあれ,講座のリピーターは毎年増えています。

(4) 紙芝居と子どもと大人そして作品

　子どもたちは紙芝居を,はじめは本当におもしろがって描き出します。でも,10枚を超える作品にとりかかり,色などきちんと塗ろうとするあたりで疲れてきます。楽しいはずがどうも苦しい。でも,友達がいて,励ます大人がいるから我慢する,そしてがんばる。

　3歳の子もすごい。幼稚園の子も小学生もすごい。励ます大人たちもすごい。最終日,子どもたちはつくり上げたうれしさで跳びはねています。私の心も跳びはねています。「みーんな,努力賞!」山登りの頂上での光景によく似ています。

1.4 図書館は命綱?——手づくり紙芝居と図書館

(1) 図書館デビューの男たち

　手づくり紙芝居をつくるとき,図書館はなくてはならない存在です。しかし,講座に集まる人には,紙芝居をつくりたくて初めて図書館に足を運ぶ人がかなりいます。これは東北のある町の県立図書館での話です。

「こんな山ん中に,おどけでねぇ芋虫みたいな図書館があったとは。おらハァ,ぶったまげたな」

「息子の車に乗せられてきたら,まあ,想像もできないくらい立派だね。まるでデパートみたいだ。玄関はどこだか探し回ったってば」

「私も迷子になってしまったわ」

「靴の泥落とすとこ作んねぇと,だめだな」

　講座が始まる前の入口で繰り広げられたひと騒動。町の中の図書館ならまだしも,町からはるか離れた場所に忽然と現われる,さながら巨大な宇宙施設(?)のような図書館。郡部の人で利用する人は,よほどの読書人か必要がある人以外はないでしょう。初めてなんてあたり前です。驚くのもあたり前です。

　そこで講座をオープン,20人の定員の中に6人の男性がいました。さまざまな手づくり作品を見せて,手づくりの概要を話して,やがてストーリー,脚本,絵と進みます。

「紙芝居っつうから簡単に考えてきたけど,こりゃあまじめにやらないと駄目なんだね」

とおじさんの参加者がぶつぶつ言っています。脚本に合わせて調べなければならないことが出てきたのです。

Aさんは，サッカーのさまざまなフォーム
　Bさんは，水車の形態など
　Cさんは，アイガモ農法の実態など
　Aさんは，地域のサッカークラブの顧問です。「オレ，いつも実際に見てるからわかるよ」，Bさんも，「昔をよく思い出して描くから大丈夫だ」，Cさんは頑固そうな顔つきで，「農協さいって聞くから，なに，あそこさいぐと顔見知りがいっぺえいるから，すぐにわかるんだ」と，この3人は図書館にいるのに，ほかの人がさっさと利用している図書館資料を使おうとしません。
　そこで，さりげなく図書館の利用者カードの獲得方法，本の借り方を伝えます。そして，
　「ここはみなさんの書斎，本棚だと思っていいんですよ。誰でも決まりを守りさえすれば，借りられるんです。これ，どこの図書館でも同じやり方です。それにね……」
と私は声をひそめて，
　「公共図書館はタダ，みなさんの税金から買った本ですからね。大きな顔していいんです」
というと，心なしか3人の顔がほっとしたようになって，次の回，彼らの机の上には何ごともなかったように本が数冊積まれていたのです。

(2) お取り寄せあれこれ

　手づくり紙芝居では，地元の民話（昔話・伝説・世間話）を描く人が多くいます。特に伝説となると，有名なところ以外，自分たちの手で紙芝居にでもつくらない限り残っていきません。世の中もだんだん整備されて，この頃は田舎とて土

木改良工事ということで，河川の整備やら道の整備などなど変わる一方です。人もどんどん去っていく過疎地であれば少しでも，大切なご先祖様からの伝言を早くつくって残しておこうと思うのはあたり前です。そこで今回，Dさんたちは公民館ではるか昔につくった資料やらをコピーしてもらい，講座に参加したのですが，資料が全然足りません。これはもう図書館に行くしかありません。

　しかし，場所によってはそれを言うのを口ごもります。なぜなら，図書館が身近にない，居住地から遠いところにしかないからなのです。

　○○県の場合，市立図書館は全市にあるものの，町村立図書館の設置率は全国でも非常に低い状況です。私が口ごもりながらもしつこく図書館で借りることを勧めるのは，そうでもしなくては，地元から図書館が足りない，ほしい，と声を上げていかなければ，いつまでたっても図書館が建ちそうにない現状だからです。

　Dさんたちに市図書館の場所と借り方を説明していると，少し年配のEさんが横から口を出してきました。

　「昔は米穀通帳を持っていったんだよね。今は何持っていけばいいのっしゃ」

　「今は，郵便局とか銀行と同じ，本人証明」

　「んでも，あの図書館，不便なとこだよ。古くてあまり大きくないってば。むずかしいことが書いてある本なんかないべよ」

　「大丈夫。今は相互貸借といって，リクエストして近くの図書館になければ，日本全国の図書館から探して，お取り寄せができるようになっているから」

「ああ，知ってるよ。今流行の通販だべ。うまいもんのお取り寄せ，おらいの嫁もよくやってるよ」
「まあ，そんなもんですが，全部無料です」
「ひぇっ，なんとまあ，北海道からでもかい。アンダ，沖縄からでもかい，たまげたね」
「そうです」
　その後，Eさんが図書館に行ったか行かなかったかは定かではありませんが，Dさんは市の図書館を見つけて利用者カードをゲットしました。本も借りたし，その伝説に詳しい人を紹介してもらったと大よろこびでした。図書館が地域の情報センターとしての役割を担っていることを，彼女は事実をもって知ったわけです。
　もちろん，そのおかげで消えてしまいそうだった町の伝説が，紙芝居として立派に再生されたことは言うまでもありません。

(3) レファレンスの奥行き

「なんでもいいから，わからないことがあったら，まず図書館に行ってごらん」
　私は図書館信奉者だから，昔どなたかが言ったこの言葉を気に入って，何とかの一つ覚えでいまだに誰彼となく，そうあってほしいという願いをこめて伝えています。
　子どもたちはそれを素直に実行して，図書館を会場にした手づくり紙芝居講座の後半，絵を描くあたりになると，図書館カウンターと会場を行ったり来たりする子どもが増えてきます。知りたいことを調べる方法，つまり調べ学習の達人に，知らぬ間になっているのです。

あるとき，男の子たちが集まって，「すっげえ」「すげえなぁ」と言っているのでのぞいてみたら，なんとかという昆虫の拡大図です。
　「これね，大人の人用の本なんだよ。子どもの本じゃないんだ」
　つまり，子どもの図鑑には出ていない虫の拡大図を司書さんが探してくれた，それが子どもたちには大事件で，うれしくてたまらなかったわけです。
　同じように大人の場合，ある女性が子どものとき父親がいつも自分たちに説教していた哲学者の言葉を，今はもう断片しか憶えていないが，正確なところを知って紙芝居のセリフに入れたい，ということで図書館へ向かいました。……「それがこれなんです」と，彼女は震える手でコピーを見せてくれました。
　「ありません」「わかりません」という図書館の人もどこかにいるそうですが，図書館人はコンピュータという冷たい情報検索機を使いこなすだけのロボットになり下がるのではなく，血の通った人間の心と言葉で利用者に接してくれなければ，もはや図書館機能は死んだも同然です。レファレンスの奥行きは人間の奥行きにも通じるのかな，などとふと思いました。

(4) 図書館の椅子
　講座が終わって数か月たった頃，水車の出てくる紙芝居を描いたBさんと偶然図書館で出会いました。あれから図書館にずうっと通っているのだといいます。
　「私ね，退職して家で何もしないでいたんです。そして，

紙芝居づくりの講座の知らせを新聞で見て、"これだ"って思って挑戦したんです。いやぁ、おもしろかった。今日もまた描こうと紙芝居のネタ探しにきたんですが、あの講座でもう一ついいことがありました。図書館を知ったことです。今病みつきになって、週に1,2回来て、本読んだり、新聞読んだり、映画みたり、話聞いたりして楽しんでいるんです。ここは本当に宝島だね」

　うれしそうに帰っていく彼の後姿、なんだか少しはずんでいるように見えましたが、きっと彼はこの図書館のどこかに自分の座る椅子を見つけられたのだろうと思いました。

●ときわひろみの作品

2章 つくる——脚本・絵・演

手づくり紙芝居の楽しさは
自分で物語を考え　それで脚本をつくり
演出家のように　舞台芸術家のように
絵を描き　そして俳優のように演じる
観客のよろこぶ顔を見て
また　よろこぶ
それを　ひとりでしてしまう楽しさ
さあ　ではその土台づくり
おはなしづくりをはじめましょう

2.1 脚本をつくろう

(1) ストーリーをつくる
　○目的，テーマがありますか？
　○誰のために，何のために，何を伝えたいか，言いたいことが決まっていますか？　決まっていれば話はつくりやすい。あっという間にできあがります。
　でも，何にも思いつけない人もいるのがこの世の中，次にとても簡単な物語づくりのヒントを伝授しましょう。

① 骨組みづくり

では、はじめましょう！ メモを用意して、次の質問に答えてください。
1. こんなのあったらいいなーって思ってることは何？
2. こんなふうになりたいなーって思ってること、どんなふうになりたい？
3. こんなことができたらいいなーって思ってること、どんなこと？
4. こんなところに行きたいなーって思ってるところ、どこへ？
5. こんなことがあったらタイヘンだって思ってること、どんなことが？
6. こんな人（動物、○○）いたらおもしろい、どんな人（動物、○○）？
7. ねえ、きいてきいて、こんなおもしろいことがあったのって、どんなこと？

さあ、メモ用紙に答を書きましたか？ いろいろなことが考えられたでしょう？ それをヒントに、おはなし（物語）の骨組みをつくります。

② キャラクターを考える

次にあなたが言いたいこと、したいことを実行、解決する人や物を考えていきます。俳優・キャラクターを決めるのです。ただし、登場人物は少なめに、オリジナルで。
＜ヒント＞ 忍者、オバケ、ともだち、先生、怪獣、お母さん、動物、昆虫、ロボット、ヒーロー、などなど

③ あらすじを考える

キャラクターが決まったら，物語がそろそろ浮かんできたでしょう。どんな筋にしますか？
＜ヒント＞　冒険物，探検物，友情物，ケンカや戦い，悲しい話，喜劇，お笑い系

④ メッセージを伝える

日頃，私たちはさまざまな事象，出来事に対しなんらかのコメントをもっています。そして，それを強く感じ人に伝えたいと思うことがあります。物語をつくるとき，心の中に潜在的にあるそれは，どんな作品にも自然と内容の中に姿を現します。中にはそんなメッセージをプラカードのように表面に掲げ，物語を進める紙芝居作品もあります。戦争反対や環境破壊防止を叫ぶ，事実に基づいた緊迫性のある事柄を世に訴える作品群です。

しかし，本来多くの紙芝居は人の心を育み，癒し，よろこばせるものだと信じます。そこでいつも言うことです。メッセージを巧みに物語の中に練りこみましょう。

紙芝居はメッセージを言葉，絵，そして演じることで観客に感動的に伝えられる力をもっています。つまり，いつもさまざまなことに関心をもちかかわっていくことが，ひいてはよい作品，深い作品をつくり出す原動力になるということです。

⑤ 普遍性

誰もがわかるおはなしがいいです。でも，ぼくのクラス，〇〇町の人にしかわからないというのもおもしろいものです

（狭義の普遍性）。しかし大勢の人が見る紙芝居ですから，客観性のある見方をした作品が望まれます。

⑥ 伏線の必要性
「突然○○が出てきました」という場合の，○○が出てくる暗示（伏線）を，前のほうで観客に気づかれないようにつくるとよいでしょう。世の中は原因があって何かが起こる，その例えどおりにつくってみましょう。ミステリー小説はこれがあるからおもしろいのです。

⑦ 事実の裏づけ
ウソとわかるウソは，それなりにおもしろいものですが，例えば登場する動物や昆虫の習性，形態など，事実の裏づけが必要なものがあります。資料を調べて物語の真実味を出しましょう。

⑧ 題名を考える
「どんなおはなしかな？」と思うような，おもしろい題名（タイトル）を考えましょう。
　例：「ころころ　ぽこっ！」「ごっつん」

(2) 脚本をつくる
さあ，いよいよできあがった物語を脚本にする過程に入ります。

① 場面分け（箱文の作成）
B4判の紙を使い，1枚を8画面に折ります。面倒でしょ

うが，ここに物語の場面分けをして，おおまかなあらすじを書いてみましょう。

　箱書きは，脚本（シナリオ）などを執筆するとき，あらかじめ各場面のあらすじ（要点）を書きとめておく方法です。紙芝居をつくるときもその手法を使います。箱文は，話を場面分けして書くこと，箱絵は箱文にあわせて絵を描くこと（コマ絵，コマ割り）です。

　○起承転結……物語は「起承転結」になっていると，メッセージを伝える力がさらに増す。

　　起　物語のはじまり
　　承　ある事件が起こり，ここから話が展開していく
　　転　ハプニング，大事件，どんでんがえし，ええっ
　　結　その結果……オチ

おもしろさと，「ええっ」と驚く意外性があり，どきどき，ジーン，ゲラゲラと感情が動く紙芝居をつくりましょう。

　②　脚本を原稿用紙に書いてみる

　脚本を原稿用紙に書くときには，紙芝居の特徴である次のことを考慮します。

　○セリフ中心：紙芝居は芝居，セリフを中心に話を進める。
　　（参考：Q&A）
　○地の文（語り，ナレーション）：セリフで表せない状況，情景を書くが，できるだけ簡潔に，説明にならないように。
　○一場面の文は少なめに：原稿用紙300〜400字以内（30〜40秒）。
　○絵が語れないことを語る：風の音，小鳥の声，雨や雪の

音，感情表現など。
○言葉：心に残る快い言葉，必然性のある言葉で，方言も大切に。
○場面数：手づくりの場合は無制限，紙芝居舞台に入るくらいが目安。はじめは 8 〜 12 枚程度（一度に最高は 20 枚くらい）。
○抜き方,間のとり方：演じるときに大切。「演じてみよう」を参照してよく理解し，脚本に指定する。
○紙芝居の文は縦書きに：横書きでは紙芝居を抜く妙がうまく発揮できない。

③ **本書き**

演出ノートも書きましょう。絵の裏に書くとき，番号をつけましょう。

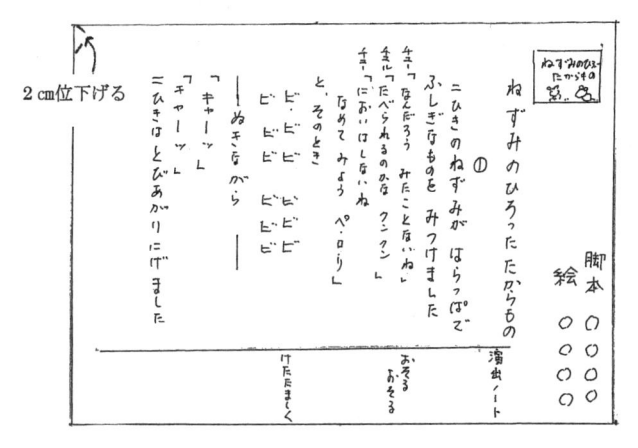

（図：脚本の書き方の例。「ねずみのひろったたからもの」の場面。2cm位下げる、脚本○○○○、絵○○○○、演出ノートなどの記入例）

※ 文を書く場所に注意しましょう。市販の紙芝居をみたりして研究しましょう。1の絵の後ろは2の文，3〜4，4〜5……となります。

(3) 脚本をつくるQ&A

Q　セリフのつくり方で悩みます。紙芝居のセリフの決まりはあるのですか？

A　決まりかどうか知りませんが，紙芝居のセリフは，入れなければいけないことを一場面の短い時間内に簡潔に伝えることが大切だと思います。ふだんの話し言葉より気持ちを凝縮した，必然性のあるセリフ回しで，ということでしょうね。

Q　グループで地元の民話紙芝居をつくっていますが，どうしても紙芝居らしくなりません。セリフ中心というのがむずかしいんです。

A　ロールプレイングでつくって成功した例があります。グループで役を決め，おおよその状況設定をして，セリフを考えていく方法です。あらすじが決まっているので，役が決まるとおもしろいくらいセリフが浮かび，あっという間にできあがります。もちろん，後から脚本らしく仕上げるのが大切です。

Q　やんちゃな中学生たちと紙芝居づくりをしたいのですが，彼らが飛びつく奇抜なやり方ってあります？

A　あります。みなさんが子どものときにやった「いつ？どこ？誰ゲーム」の①いつ，②どこで，③誰が，④誰と，⑤何をした，⑥するとそのとき，ハプニング，アクシデントが起こり，⑦結果このようになった，の七つの色袋を用意します。もちろん，人を貶める話は駄目だと約束して書かせ，物語づくりがいかにおもしろいかという導入に使いました。そのときははしゃぎすぎて疲れたのですが，物語から紙芝居づくりまでやり通しました。ぜひおためしを！

2.2 絵を描こう

　脚本を書きながら，もうほとんど絵が浮かび，あなたの描いたキャラクターが頭の中で動き回っているのではありませんか？

　でも，ちょっと待って！

　絵を描くあなたは演出家，絵に芝居をさせるために，キャラクターをどう動かしたらよいのか，そのコツは何か考えながら描きましょう。

(1) 絵コンテから色塗りまで

　① 絵コンテ（略画）を描いてみる（箱絵の作成）

　脚本に添って構図と流れを考え，絵コンテを描き，箱絵をつくりましょう。その前に……

＜キャラクターを決める＞

　キャラクターの特徴を規定しましょう。

○性別，性格，職業，年齢，体型，髪型，顔型，服装をどう描くのか。作品により時代考証も必要。
○衣服の色：ストーリーに特別なことがない限り，同色で通す。
○既製のものでなく，オリジナルのキャラクターを創造する。

＜箱絵を描くときのキーポイント＞
○どの場面を絵にするのか，脚本をよく読んで決めよう。決定的瞬間を描くとよい。
○ドラマ性のある簡潔な絵を心がけ，背景は必要なもの以外省略する。
○画面に変化をもたせるために，テレビや映画の画像のようにロング，アップなどを自在に使ったり，見る角度を変えたりして，メリハリのある画面構成をしてみよう。
○普通の絵より個性を出して，大胆に描こう（デフォルメ）。
○動きのある絵がおもしろい。例えば，顔の表情なども豊かに描くと絵が生きる。
○できるだけセリフの発声順がよい。
○絵に動きの連続性をもたせよう。
○場面を途中で止めてセリフをいう場合，止めた絵と次の場面の絵で一つの場面を構成するように描く。
○水平線，地平線，基底線は，観客が見上げて見るのが紙芝居であるから，低くするほうが安定する。
○絵の方向に注意しよう。紙芝居の絵は，観客に対し左から右に抜くことを考えて描こう（次ページ図参照）。
○絵文字などは使わない。マンガのような吹き出しや絵文字などは描かないで，演じ方で表現しよう。

A図の場合は、画面を引き抜くとき後ろ向きに動き、次の画面につながらない。B図の場合は、自然である。

○舞台の枠を考える。大事な部分が舞台の枠にかからないように描こう。

＜表紙のこと＞

二通りの方法があります。

○画面①とともに描く場合……印刷紙芝居はみんなそうなっている。このとき、タイトル文字が紙芝居枠に隠れないようにする。タイトルは太くはっきりと描く。作者の名前はここに忘れずに書く。

○表紙画面を別に書く場合……作品内容に関連するものをちょっと描くとよい。作者の名前を忘れずに。

② **下絵を描く（箱絵をもとに）**

○ダミー（ひな型）をつくってみよう。

・直接用紙に描く場合は<u>2B〜6B</u>の鉛筆でうすく下描きしてみよう。

・舞台に入れたり、並べてみたりして、抜きの効果の検

証や画面の流れ，展開や構図のダメ押しをしてみよう。

③ 本描き
＜用紙＞
　○白表紙，板目紙，ケント紙，厚地画用紙（2枚貼り合わせるとよい）など。サイズは美濃判，八つ切り（市販紙芝居舞台に入る大きさ）。
　○小さいサイズの紙芝居（はがき大）が舞台とともに市販されているので，集中度抜群のこんな紙芝居もおもしろい。

④ 色塗り
＜絵の具＞
　○水彩絵の具，ガッシュ，ポスターカラー，アクリル絵の具など。
　○色鉛筆は見えにくい。クレヨン，パステルは色が他の紙につくので不適当。ただし，クレヨン，パステルは定着液（フィクサチーフ）で処理すれば大丈夫。アクリル絵の具の場合はすぐに乾くので要注意。
＜介護ケアなどで見せる場合＞
　○視力のことも考えて，色はこってり濃い目にしたほうがよい。
＜主人公が目立つように＞
　○人ごみの中にいる主人公を描く場合，群集から少し離して描く。もしどうしても人ごみの真ん中に主人公を置かざるを得ないときは，主人公の色や輪郭をはっきりさせ，まわりをおさえ気味の色で描く。

＜バック＞
　○いろいろな見解があるようだが，バックの色の変化は，場所や情景の変化を意味するので，1枚ごとにバックの色が変わると分断された感じになる。舞台で言う一場ごとや，起承転結にそって場面の色を統一するなど考えたほうがよい。
　○物語性のないものは，1枚ごとに色が異なってもゆるされると思う。
　○白はむずかしいので，薄めの色でも色彩があったほうがよいと思う。
＜遠目がきくように＞
　○せっかく描いた絵が，後ろの席では見えなかったというのは残念だ。墨入れといって，和筆（面相筆），筆ペン，マーカーなどでふちどりをする。墨だけでなく，紺や灰色でする人，墨の濃淡だけで仕上げる人もいる。
　○バックとのかねあい，描き方の工夫などでふちどりをしない場合もあるが，どちらにしても紙芝居の絵は見えるように，遠目がきくようにしよう。

(2) 絵を描く Q&A
Q　絵が苦手です。でも，紙芝居は描きたいのですが？
A　大丈夫，描きたい気持ちは上達に通じます。図書館に行くとカット集や画集，絵の描き方の本がたくさんあります。また，こんな絵を描きたいのですが，どうしたらいいですか，と図書館員に相談するのも一つの方法です。それから，子どもたちはモデルになりっこをして，デッサンをし合っていますよ。「怒った顔」「背中に重い荷物をしょってると

ころ」なんて注文して，友達同士で大騒ぎしながら描いています。

Q　お姉ちゃんといっしょに3歳の子が紙芝居をつくるといってききません。絵がうまく描けないのに大丈夫ですか？

A　大丈夫です。2, 3歳くらいからやっていますよ。幼い子どもは生きるため，育っていくために絵を描くといいますから，その子なりのうまさでいいんです。決して大人が描いて教えないほうが，人としての創造性が育つ，個性が育つのではないでしょうか。そばで「これなあに？　なにしてるのかな？」などと，大人とおはなししながらつくる紙芝居，いいのができていますよ。

Q　絵本を紙芝居にしたいのですが？

A　絵本を紙芝居化するのは楽でいいですよね。でも，絵本と紙芝居は似ているけれど機能的に違います。それに今は著作権法もありますからむずかしいです。創作をするのをお勧めします。

紙芝居と絵本の違い

紙芝居	絵本
集団で見る 演じてもらう 絵と演劇の一体化 演じ手が抜く 映画，演劇的 遠目のきく絵（大胆なデフォルメ）	一人で見る（個人） 手にとって見る 絵を見る，文を読む 納得してページをめくる 絵画的 微細なところを描く

2.3 さあできた, 演じてみよう!!

　紙芝居は芝居です。だから, 演じてはじめて紙芝居なのです (読むのではありません)。

　手づくり紙芝居も, 演じてみんなに見てもらうことで本当の完成, 新たなスタート地点に立つのです。

　さあ, それでは, みんなの前で演じるためのコツをお伝えしましょう。でも, 人にはそれぞれ個性があります。自分らしく楽しく演じ, 演じながら上達しましょう。

(1) 演じる前のウォーミングアップ
① 作品の理解

　人の作品であれば, 下読みは何回もして, 作者のメッセージをよく理解しましょう。作品の流れをみながら, おもしろいところ, 盛り上がるところをつかみ, 登場人物の性別, 年齢, 性格, 役柄の状態をのみこんで演出方法を考えておきましょう。

　自分の作品を演じる人は, そのことはすべて承知しているでしょうが, 客観的に作品を見直し, 絵に描かれているところをさらに文で書いていないか, また足りない言葉はないか,

などをチェックしてみましょう。

　紙芝居を舞台に入れ，鏡の前で演じてみたりして，抜き方の練習などを何度もしておくと，本舞台であがりません。

② 舞台と演者について

　舞台は必要です。よく忙しいから，面倒くさいから，イベントのとき以外は舞台を使わない，という話を聞きます。倉庫でほこりをかぶっているというところもあります。

　紙芝居は異次元の世界，ここは違うおはなしの世界に観客を誘う文化です。舞台はその世界へのトビラなのです。舞台がないと演劇的空間をつくりにくくなりますし，第一集中力が低くなります（作品によっては使わないものもあります）。

　また，紙芝居はふつう舞台があるのを前提につくられていますから，せっかくの紙芝居，舞台を用意して効果の上がる演じ方をしようではありませんか。演者のノリも見るほうの姿勢もまったく違います。

　○舞台の位置：観客との間隔は1mくらい，逆光線にならないように。
　○演者の立つ位置：紙芝居は観客と心を通わせながら演じるので，舞台の横に立って演じよう。それでも後ろの文字は十分に読める。

(2) 演じ方，三つのキーポイント

　演じるとき大切なことは，①声の出し方，②間のとり方，③抜き方，です。

① 声の出し方

　舞台俳優は，体全体で演じます。紙芝居演者は，動作は絵がしてくれるので声だけで演じます。

　地の文，セリフをはっきりと大きな声で演じましょう。聞こえなかったら話が伝わりません。

　ということで，いろいろな登場人物にちょっとなりきって演じます。なお，作品をこわすような声色，作り声，声帯模写は，しないほうが効果的です。

＜いろいろな声＞

　声の強弱，高低，大小，太細，明暗，緩急，遅速，などを使って，喜怒哀楽の感情，性別，年齢，職業の違いなどを工夫して出してみましょう。動物なども大きいゾウならのんびりと太い声で，小さなネズミなどは高い声の早口で言ってみると，なんだかそれらしく聞こえるから不思議です。

　声っておもしろいですね。同じ言葉もちょっと演じるとまったく違った意味を伝えるのですから。

　次に，「わぁ」という感動詞のいろいろな例をみてみましょう。いっしょに言ってみてください。

＜演習＞

　いろいろな　わぁ　（表情にも注意してください）

1. 探していたものが見つかったとき
　　　　わぁ　ここにあった！　　　　　　（よろこび）
2. テストに予想していた問題が出題されなかったとき
　　　　わぁ　はずれた　　　　　　　　　（落胆）
3. 大荷物の上に大好物のお芋をたくさんお土産にもらったとき
　　　　わぁ　ありがとう　　　　　　　　（感謝　困惑）

4. 陰に隠れて人をおどかすとき
    わぁ　　　　　　　　　　　　（遊び心　期待感）
5. 木から急に毛虫が目の前にぶらり
    わぁ　わわわわーわー　　　　（驚き）
6. 災害のニュースを見たとき
    わぁ　たいへんだ　　　　　　（悲嘆）
7. なつかしい人に会ったとき
    わぁ　しばらく　　　　　　　（歓喜）
8. 急に目の前に美しい海が開けたとき
    わぁ　海だ　きれいだな　　　（感動）

＜オノマトペ（擬声・擬音）の演じ方＞

　コケコッコー　ワンワン　ニャアニャア
　ガタンガタン　ヒュー　さらさら
　ざあざあ

などをいいます。

　これをはりきって，本当の音をまねたりすると，見ている人がびっくりします。リズムや声のトーンの変化で伝えましょう。

＜地の文（ナレーション）＞

　ここも演じましょう。

　その場の状況や情景が伝わるように，声の調子を変えましょう。セリフ，地の文も，自分のもっている自然の声を生かして，リズムとテンポを考えて演じましょう。

② 間のとり方

　古来より，話芸を含むさまざまな芸能，芸術で一番むずかしいのは「間」である，といわれています。六代目菊五郎の

著書『芸』の中にも「間は魔」であると言った彼の師,六代目団十郎の言を伝えています。

話術の大家として有名な徳川夢声も,同じように不朽の大著『話術』の中で話に間が果たす役割の大切さ,むずかしさを述べているほか,言葉にかかわる名人たちの話を聞いていると必ずというほどに,間の深遠さに言及しているのに出会います。

さて,ここで紙芝居における間とは何ぞや,などと論じる気持ちはさらさらないのですが,演じながら気づくことが少しあります。

紙芝居の間には,呼吸の間,文章の区切りの間,場面・状況の変化の間,時間経過の間,という誰もが少し練習すればたやすく表現できる間と,心理的・哲学的表現を含む高度な間の存在があると思うのです。

セリフとセリフの間(あいだ)のポーズ,沈黙。これが観客に物語の深みを伝えられるのは,日本ゆえではないかと思います。わび・さびの思想,日本の建築様式,庭園や能舞台には,この「間」の考え方が満ち満ちています。

となれば,日本の生んだ紙芝居が「間」の思想で表現されるのは当然のことで,なんだかうれしくなってきます。挑戦したくなってくるではありませんか。

しかしまた,この「間」は,演者の個性や人生経験の深さ,そして人としての思いがその表現ににじみ出てくるのだと思います。まさに恐ろしい間,「魔」と言わざるを得ません。

ところで,日本の紙芝居演者の第一人者,右手和子氏は,間についてわかりやすく次のように述べておられます(『紙芝居全科』子どもの文化研究所発行 より)。

——次に「間」について,お話ししたいと思います。何も言葉がないサイレントの時間なのに,ドラマを生かす上で大切なもの,それが「間」です。間には,息継ぎや区切りなどいくつかの役割があります。

まず,「話かわりまして」の「間」です。

場面や状況が変わる場合,1～3秒ほど「間」をあけます。すると調子が変わり,ドラマの流れにアクセントがつきます。

次にドラマを生かす「間」で,2種類あります。それは,「期待させる間」と「余韻を残す間」です。

「期待させる間」の場合,「間」の単独ではなく,「声」と「抜く」,「間」の三つがうまく調合することで,観客に「何か起こりそうだ」という気持に誘いこみます。

この「間」は,観客の表情を見ながら間合いをとることが重要です。

「余韻を残す間」は,情緒的な余韻を残すため,次の場面にすぐ移らず,間をあける方法です。

語り終えてすぐにやれ終ったと画面を抜いて,「おしまい」と安易に終わると,観客は興ざめになってしまいます。3秒くらいの間をおいて,余韻を残して終らせて下さい。

しみじみとした情緒をただよわせることができます。

——

③ **抜き方**

「紙芝居の絵が動いた」とよくいわれるのは,この抜き方をうまく演じたときの効果です。いろいろな抜き方がありますが,それぞれに理由があるので,うまく使って観客の想像

力と共鳴させると，絵が生きてくる，動くのです。

　絵に語らせ，話を盛り上げ，臨場感をもたせる，つまり抜き方上手はうまい演者といわれるゆえんがここにあります。

＜抜き方のいろいろ＞

　○抜く（次の画面へ）。

　○ゆっくり抜く，早く抜く，さっと抜く（話の内容に応じて決定される）。

　○抜きながら話す（話の連続シーン）。（※紙芝居をつくるとき，抜きながら言う文章はできるだけ少なく，文章が長くなるときは場面を増やしたほうがよい）

　○区切って抜く，半分まで抜く，3分の1まで抜くなど（2枚で何枚分かの効果をあげる演出）。（※あらかじめ裏に印をつけたほうが失敗がない）

　○動かしながら抜く（走る，嵐，うずまきなど，画面に向かって左下を上下，左右，回す，ゆらすなどして表現する。右の下は舞台につけたままにする）。

(3) 演じ方のいろいろ

　○演劇的作品は，ストーリーをきちんと届けられるような演じ方を，観客参加型の作品は，演じ手の個性で観客の心が解放されるように，明るく楽しく演じよう。

　○観客に応じて演じる：小さな子どもやお年寄りには，会場の息づきにあわせてゆっくり演じるとか，期待させる間を十分に使って，抜き方の工夫をして演じよう。

　○場所に応じて演じる：例えば野外で演じるときは，太陽の光や景色にのまれないくらいはっきりした，絵のメリハリのあるストーリーの作品を演じよう。演じ方もがん

ばろう。

(4) 幕紙の効能

　紙芝居本体の前に「幕紙」を加える演じ方が，この頃多くのところで見受けられます。紙芝居と同寸の用紙に絵を描いたり，包装紙，あるいは少し凝って和紙などを貼った幕紙もあります。まるで歌舞伎の定式幕(じょうしきまく)（柿，萌葱，黒の縦縞模様）のようなもので，これが実演にさらに演劇的な効果をあげているのです。舞台を開けるとすぐ話が始まる演じ方ではなく，舞台を開けると演目に調和した幕紙がある，そこで前説や子どもたちに導入の話などをして抜き，芝居が始まるのです。見ていると，観客の期待感がふくらみ，集中度が増しているのがよくわかります。作品によっては，その抜き方でストーリーをさらに生かす素晴らしいはたらきをもするすぐれた機能もあります。

　また，何本かの作品を演じる場合は芝居の幕間(まくあい)の役目もします。

(5) 演じ方 Q&A

Q　紙芝居の文は暗記したほうがよいのですか？

A　紙芝居の演者を俳優と認識して紙芝居を演じる考え方に立つ場合は，当然覚えるべきだと思います。ちなみに，私は後ろの文面を見ています。いろいろな考え方，演じ方があるのです。

Q　実演の途中で声をかけられたときは？

A　目で返事をします。そしてニコッと笑います。話をさえぎらず黙って聞いています。この頃，幼児のほかお年寄り

にもそんなときがあります。紙芝居の世界に一緒にいるわけですから、和やかな気持ちで接しましょう。

Q　みんなでつくった紙芝居を、役を分けて演じたいのですがどうでしょうか？

A　演じるほうは楽しいですよね。見るほうはどうでしょうか？　画面に集中できるかな？

Q　方言、アクセントで悩んでいます。

A　あら、あんだ訛ってたっていいんだよ。土地の雰囲気を出すのは方言が一番だべさ。……ということです。

Q　大きな声が出ません。出すとすぐにのどを痛めます。

A　声はのどだけでなく、全身を使って出しましょう。腹式呼吸で、息や声のコントロール法を身につけると、自然と出るようになります。

Q　子どもたちに演じさせたいのですが。

A　とてもよいことです。狭い自分のテリトリーから出て、さまざまな人間、さまざまな環境、出来事を演じながら知り、同時に感動する心も育つことでしょう。また、紙芝居は友達を増やす力にもなります。見て共感する効果で心が拓くのです。自分を表現する機会をぜひ増やしてあげてください。

2.4 紙芝居グッズ＆イベント

(1) 紙芝居の必需品＆さらにおもしろくする紙芝居グッズ

① 紙芝居舞台（必需品）

紙芝居を演じる際の一番の必需品は舞台で，数か所から市販されています。また，手づくり紙芝居は手づくりの舞台で，と自分でつくって評判の紙芝居仲間もいます（遠山昭雄，おっぺ舎など）。この頃よく使われているのが照明付きの舞台で，介護の現場などでよく見えると注目されています。

② 拍子木

街頭紙芝居のおじさんがこれを打ち鳴らし，子どもを集めたのはご存知だと思います。その郷愁も手伝ってか，紙芝居というと必ず登場し，客寄せやはじまりのときにとりとめもなく打っているというのが現状だと思います。が，この拍子木，柝あるいは手木と呼ばれ，歌舞伎や他の伝統芸能の舞台演出には重要な役割をもっているのです。

先年，元役者の紙芝居を拝見した折，幕開け，幕切れのとき以外のセリフの合間に打たれた柝の演出の巧みさに感動しましたが，芸術性の高い作品には研究し生かしていけたらと，個人的課題としてもっています。しかし，何事もひとりでしなければならない紙芝居，間をうまく牛耳る手腕があったればこその話かもしれません。

③ 太鼓

拍子木と並んで，太鼓も街頭紙芝居の子ども寄せの音でした。

しかし，おじさんは黄金バットや鞍馬天狗の登場，丁々発止のチャンバラのとき，そして何よりうまかったのがお化けが出てくるドロドロの音，子どもたちが思わず身を寄せ合うあの場面に，太鼓を効果音として使ったものでした。歌舞伎の下座音楽の中でも主流を占める，効果音の王者としての太鼓，今後もっと研究し上手に用いることが，紙芝居をさらにおもしろくし，その芸術性を高めることに結びつくのかもしれません。

　その他，ドラ（銅鑼），カネ（鉦），篠笛，木魚，ハーモニカなどが効果音として使われています。

(2) 紙芝居コンクール，紙芝居まつり

① 手づくり紙芝居コンクール

○神奈川手づくり紙芝居コンクール
　主催　紙芝居文化推進協議会
　応募期間（例年）　9月1日〜9月18日
　詳細は，紙芝居文化推進協議会　〒231-0062　横浜市中区桜木町1-1-66　みなとみらい21　グリンセンタービル7階　横浜市市民活動共同オフィス
　Tel 080-5504-6168（9:00〜15:00）

○箕面手づくり紙芝居コンクール
　主催　箕面市教育委員会・人と本を紡ぐ会
　応募期間（例年）　4月1日〜5月15日
　詳細は，箕面市立中央図書館　〒562-0001　大阪府箕面市箕面5-11-23　Tel 072-722-4580　FAX 072-724-9697
　　URL　http://www2.city.minoh.osaka.jp/CYUUOULIB/

この他，図書館をはじめ他の公共団体，大学短大等が主催

するものがあります。

② **紙芝居まつり**
○全国紙芝居まつり

ビエンナーレで行われています。プロ・アマともに集い,学び楽しむ紙芝居仲間の夏の祭典（例外：5回大会は冬）。子どもの文化研究所紙芝居研究会が縁の下の力持ちとなって,全国各地まわりもちで開催しています。第1回から3回までは「手づくり紙芝居まつり」でした（2007年石川大会で10回目,20年を数えています）。

○箕面紙芝居まつり

毎年開催,7月の第2日曜日が今までの恒例です。前日は手づくり紙芝居コンクールの最終審査なので,これを見がてらの参加者が全国から集います。

詳細は「6章　文化運動としての手づくり紙芝居」参照してください。

こんなのできました！

> チョット
> ひとやすみ

コラム
手づくり紙芝居講座はこんなに楽しい！

●一家総出で紙芝居（M・T，男性，40代）
　「手づくり紙芝居講座」には，娘3人が参加し，その付き添いという形で，私も最初から最後まで講座に参加させていただきました。正直なところ，紙芝居というと子どもが楽しみにするもので，絵を何枚か描けばできあがりぐらいに思っていました。
　しかし，ストーリーや絵コンテをつくる段階になり，その奥の深さを知ることになりました。ストーリーは単に文章を書けばよいという言うものではなく，論理構築力が必要ですし，一つの絵で，伝えたいことを端的に表す必要があります。
　また，嘘を描いてはダメというで，描きたいものを本にて調べながら作成しなければならず，紙芝居は単に絵を描くだけでなく，すばらしいひとつの文化であることを強く実感いたしました。この魅力に惹かれて，家内も途中から自らの紙芝居をつくり出し，結局一家でお世話になりました。（後略）

●手づくり紙芝居講座，演じ方講座を受講して（N・N，男性，60代）
　私がこの講座を受講しようと思ったのは，何か一芸を！身に付けようと考えていた時，広報をみて迷わず受講申し込みしました。
　講座初日，紙芝居を見ているときは面白いと思ったが，自分でつくろう!!のテーマ，ストーリーが決まりません。同時に受講している子どもたちは即自分の思うままを口頭で表しています。
　講師の言われることには，その子の発想を尊重すること，してアドバイス，これがまた絶妙でした。ストーリーが決まれば今度は絵です。絵は苦手，再び講師の手を借りて下書きができる。後は色ぬり，これは楽しんでできました。セリフと絵の調和，手づくり紙芝居の楽しさの一面でした。また，同時に「演じ方講座」も指導していただきましたが，演者が目立ちすぎて

はいけない。主は絵,その絵を引き立たせるのが演者。いかにして見ている人を惹きつけるか!!　紙芝居の内容と見ている人の年代も考えて演じる。難しい!!これは何度も経験を重ねていくより他はないかなと思いました。機会があれば紙芝居を演じたいと思いました。

●子どもの声(U・S,小学1年生)
　はじめてやったときは,しんぱいだったけど,やってるうちに,たのしくなってきて,まい日いくのがたのしみでした。なんだか,土よう日と日よう日だけしかないのが,ざんねんなぐらい,たのしかったです。
　まい日,まい日,たいくつなときやつかれたとき,いつもこの手づくりかみしばいこうざを思い出しました。
　ぼくは,このこうざのおかげで,まい日が大きくかわったようなきがしました。
　いつもいつも,いければいいなとおもいます。土日2じかん半もあるのに,たのしくて,たった20ぶんにもかんじました。
　だれがなんと言おうと,らい年も,さらい年も,つぎの年もそのつぎも,ぜったいさんかします。
(箕面紙芝居まつり冊子,2006年,2007年から転載)

つくろう かんたん 紙芝居

くわしくは本文を参照

```
準備するもの
B4 用紙 2 枚(箱文・箱絵用)・鉛筆 2B 以上・用
紙=板目紙、白表紙など(サイズ八つ切り・美濃
判)・絵の具は水彩、ガッシュ、ポスターカラ
ー、アクリルなど
```

① ストーリーをつくる

*身の回りのできごとや楽しいことを
想像して意外性のある簡潔で面白いストー
リーをつくろう

*一番面白く感動するところはどこだ?
起承転結も考えよう

*ストーリーが出来上がったら　あらすじ
の場面わけをしてみよう(箱文)

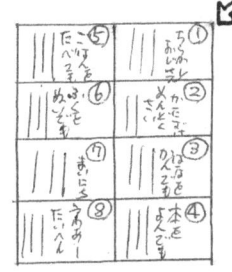

② 脚本にしてみよう

*セリフ中心(紙芝居は芝居です)
*原稿用紙 300~400 字以内
*絵で描けないことを表現しよう

③ 本書き

*完成した絵の裏に書くとき番号に注意しよう

④　絵コンテ（略画）を描いてみよう（箱絵）

*脚本にあわせて描く
*キャラクターはオリジナルで
*ロング、アップなどで絵に変化
*絵の向きに注意

⑤　**下絵を描こう**
*最初は鉛筆でうすく
*背景は必要なものだけを描こう
*吹き出しや記号は描かない
*必要な資料を図書館でさがそう

⑥　**本描き、色塗り**
*遠くからも良く見えるように
　ふちどりや色の塗り方を工夫

⑦　**演じてみよう**
*紙芝居舞台をつかおう
*演じ方の基本は　声の出し方
　間のとり方そして抜き方

**サァ、心を込めて演じ、世界でただ一つの作品に
いのちをあたえましょう！**

3章 いろいろ紙芝居

3.1 環境紙芝居

(1) 一刻の猶予もままならない地球環境

"地球があぶない，地球は泣いている"といわれて久しくなりました。そして先頃，とうとう地球温暖化の速度は加速度的に速まり，もはや一刻の猶予もままならないといわれるようになりました。

1999年，人類の営みはすでに地球の能力の限界を越えているといわれました。

2004年，地球崩壊の時期を少しでも遅らせるための再生シナリオが発表されました。

2006年，ついに南極の氷が溶け出しました。

なんだかたいへんなことになっています。そういえば，異常気象が続く都会のヒートアイランド現象もはなはだしくなり，熱中症になる人も多くなりました。環境ホルモンも気になります。みんなが加害者であり被害者なのだから，一人一人がいよいよ，このスケールの大きい地球環境問題に真剣にかかわらねばならないときがきてしまったというわけです。

ところで，手づくり紙芝居のテーマにも，2000年を越えたあたりから環境問題，特にゴミの話が現われるようになり

ました。そしてそれはここ数年、平和と並んで数を増しています。最近はCO_2の削減、ゴミの減量化、リサイクル、そしてそれと並んで里山の復活、ビオトープと、消えゆく自然を守りつくる話へと領域を広げてきています。これは、手づくり紙芝居が世情に呼応する面をもつという証なのでしょう。

　記憶に残る作品の中には、ゴミ減量の薬を発明したが使い方を誤って大騒動となった話、子どもたちの描いた「ゴミかいじゅう」もの、ファンタジーの世界にゴミ問題を引き寄せた作品、シマミミズでゴミの堆肥化に成功した実話をおもしろおかしく表現したものもあります。いずれもゴミ問題を研究した上での作品です。

(2) 自治体と協力して環境紙芝居づくり

　2005年、埼玉県坂戸市の紙芝居グループ「あじさい」は、市の環境課とともに二つの環境紙芝居をつくりました。そして、要請があれば幼稚園、保育園、小学校へと出かけていって演じ、市の環境教育活動の一翼を担うようになりました。なかなかの評判で、第3作目ができ、今度は地域のゴミの話から地球温暖化へと話が広がっています。

●**作品紹介**
① どうしてわけるの？
　原案：坂戸市役所　脚本：あじさいの会　絵：井出裕子
　内容：ゴミ分別方法、リサイクル
② 生ゴミゴンちゃん
　脚本：伊藤節子　絵：井出裕子

内容：コンポスト，肥料，ゴミ減量
③　ちきゅうをまもれ　アースマン
　原案：坂戸市役所　脚本・絵：井出裕子
　内容：地球温暖化，省エネ対策

　生活を指導する紙芝居は，往々にして情緒性のない，標語を羅列するような通り一遍のものが多いですが，一つの物語をつくり，脚本の展開，画面構成を工夫して，あたたかみのある作品をつくることが大切です。そのほうがかえって言いたいこと，伝えたいことをスムーズに理解させる力があります。

3.2 民俗芸能と紙芝居

(1) なつかしいなあ，祭太鼓！

　日本の各地には，たくさんの民俗芸能が伝えられてきています。年配の人にとっては，その季節になれば子ども時代の思い出と重なり，ふるさとへの郷愁となって，まぶたに映像が浮かんでくるのではないでしょうか。
　祭，獅子舞，神楽，田植え踊り，盆踊り，ところによっては番楽，楽打，文楽，能，狂言，歌舞伎などその種類は多く，

五穀豊穣，無病息災，厄除開運などの祈りをこめて，昔からその土地に伝えられてきています。

しかし，この理屈では割り切れない不思議の世界と出会える民俗芸能，近頃は多くのところで共同体が崩壊の危機に瀕していて，後継者不足で存続が危ぶまれているといいます。それを憂えて，子どもたちにわかりやすく伝えようと紙芝居をつくる人たちがいます。

(2) 紙芝居は情感を伝えられる

いつ，どのようにして，誰によって，何のためにつくられ伝えられてきたか，ということが話の中心になるのですが，口伝や箇条書きにするだけでは記憶にも残りにくいものです。紙芝居は絵と脚本と演者の演じ方で，情感とともに心に伝えていく力があるのです。

次の作品は，伝承すべきことを物語の中に練りこみ，さらなる伝播を試みています。

●作品紹介

① いってみっぺ どんと祭

原作：大里陽子　補作：仙台の昔を伝える紙芝居作り実行委員会

内容：

年の初めの1月14日，大崎八幡宮では松焚祭(まつたきまつり)，通称どんと祭が行われ賑わいます。どんと祭は，お正月の飾り物やお札などを焚きあげるお祭です。この様子を仙台に伝わる昔話をベースにわかりやすく紹介していきます。芭蕉せんべいのこげた匂いや，カルメ焼きの甘い匂いがしてきそ

うな画面に，特にお年寄りは郷愁とともにひきつけられる作品です。

② なおちゃんとかせ鳥

脚本・絵：スプーンの会

内容：

　山形県上山市の奇祭「かせ鳥まつり」がテーマ。厳冬の2月，上山の町内をケンダイ（鳥型の蓑）を着て，かせ鳥（火勢鳥・稼ぎ鳥）に扮した若者が"ソーレッ　カッカッカーのカッカッカー"と奇声をあげ町中を練り歩く，350年前から続く祭です。見物の人たちは彼らにザブリと水をかけ，火の用心と商売繁盛を願います。この祭のいわれや昔話を，ゆきだるまとなおちゃんの話でたどっていく作品。地元の子どもたちや若者に祭を知らせる導入，参加への動機づけにもなっています。

③ おどれ‼　新川の田植え踊り

原案：早坂晶　作：仙台の昔を伝える紙芝居作り実行委員会

内容：

　地元新川（にっかわ）に伝わる田植え踊りのルーツは，なんと室町時代にこの村に逃げてきた平家の落武者だった……と，この

踊りを代々受け継いでいる小学生が紹介する方式。紙芝居を見て踊りを見ると，その意味や成り立ちがわかり，さらに興味が沸いてくる作品です。

民俗芸能を正しく伝えるために，文献資料，ビデオ等に目を通しましょう。伝承している人から話を聞き，伝承されるときのいきさつや苦労話なども聞きましょう。時代考証（衣装，持ち物，髪型など）はできるだけ正確に。

3.3 平和紙芝居

(1) 紙芝居の伝える力

戦後すでに60年余が過ぎました。その間日本は繁栄し，まずは平和なときを過ごすことができました。しかし，国内外の政治情勢をみていると，今はまた戦前であるやもしれぬという不安感が，戦争を体験した人や伝えられた人，さらに歴史を熟知している人たちの心をよぎります。おおかたは平和呆けといわれながら，自分のことで精一杯なのですが……。このところ平和紙芝居が全国で数多くつくられているのは，そのためなのでしょう。

戦争の話が風化しそうな今，今まで語ってこなかった高齢の体験者が，若い世代の呼びかけで語り始め，各地で「戦争を語り継ぐ体験集」等の冊子が新たにまとめられています。また，インターネット上にも"戦争を語り継ぐ"ブログなどがみられます。興味ある人はいろいろとアプローチして，確かな情報をキャッチできます。

しかし，その反面，情報の大海原の中で，人間にとって何

が是で何が非であるかもわからず漂流していて、戦争を知らない、知らせられなかった情報難民の子どもや大人が大勢いるのも事実です。彼らは、親にも教師にも隣人にも恵まれず、この大切なテーマ「戦争と平和」を咀嚼しても伝えられなかったのです。

そこでやっぱり紙芝居、というのは短絡的かもしれませんが、紙芝居の力を信じる者として、むずかしいテーマをわかりやすく伝えられるこのメディアは、なによりふさわしいのだと思います。今、平和紙芝居が多くつくられるゆえんは、このあたりにもあるのだと思うのです。

(2) 体験を紙芝居化するとき

人が何かを伝えるとき、一番説得力があるのは体験者です。どんなに拙い言葉であっても、どんなに下手な絵であっても心が通じるといいます。それは、整えられた環境で、その人の話を聞くためだけの集まりなどではかなうでしょう。しかし、不特定多数、環境のあまり整っていないところで演じることが多い紙芝居では、うまく伝えられないときもあります。

ということで、手づくりだからと甘えず、せっかくつくるのだから紙芝居の特徴をよく知り、描き方の基本を知り、万民に見てもらえるために、より効果をあげる作品づくりを考えていくのがよいのではないでしょうか。

① 体験を伝える紙芝居の脚本を書くときの注意点
＜簡潔に＞

戦争体験を作品化する場合、どうしてもあれもこれもと順を追って語りたくなるものです。どれもが抜くことのできな

い大切な場面、「命がけで生きてきたのだもの、残らず伝えたい」ものでしょう。しかし、あまり饒舌に語れば伝達力も興味も半減します。限られた枚数の中に体験を昇華し、一番伝えたいことに照準を合わせ、内容を凝縮するほうがよいでしょう。思い入ればかり先行して強引に話を展開させると、かえって説得性に欠けるものにもなります。

＜感情表現は演じ方に委ねよう＞

　事実を淡々と語るほうがかえって真実を想像できるものです。悲しかった、つらかった、恐ろしかった、などの感情表現はできるだけ少なめに、情感は演じる際の表現にまかせるのがよいでしょう。

　事実は言葉以上に重たいのだから。

＜セリフを多く＞

　紙芝居は芝居です。絵物語とは異なります。

　セリフを多くして芝居形式にしたほうが、臨場感が出て話が生きてきます。人が登場する場面は、できるだけセリフで話を進めましょう。

＜キーワードをみつける＞

　例えば、「形見の時計」からあの日の空襲を思い出し、話が始まる、という具合に、話を象徴する言葉を探し、物語を展開させます。

　その人だけにしか知りえないキーワードが必ずあるはずです。キーワードを使った物語づくりはつくりやすく、また効果的で、その上作品の印象がいつまでも残ります。

＜結び、締めの部分ははっきりと＞

　これが描かれていないと、紙芝居を描いた意味がわからなくなります。反戦の思いをきちんと伝えるような文学的結び

がほしいところです。
＜タイトル＞

「○○空襲体験記」とか「○○の戦争」などが多いですが，それは副題にまわし，文学的タイトルを考えましょう。

② 体験を伝える紙芝居の絵の描き方の注意点
＜絵はよく調べて簡潔に＞

当時のことを見たとおり，憶えているとおりに描くのはむずかしいものです。戦時中のことを載せた写真集が数多く出版され，図書館にそろっているので見ておきましょう。

さて，資料もそろった，さあ絵を描こうとなります。ところが脚本のときと同じく，何でも描きたいのが普通の心境，でも紙芝居は1枚の画面で1分弱の静止画像です。ごちゃごちゃと描かずに，話の展開に必然性があるものを描くほうが，見る人の想像力をかきたてます。

絵はどうも，という人もいるでしょう。下手でもいい，それなりの絵をていねいに描いてみましょう。大丈夫！ 詳しくは2章のつくりかたのページを見てください。

(3) 平和運動としての手づくり紙芝居
① 『おじいさんのできること』ができるまで

私が描いた初めての反戦・反核紙芝居『おじいさんのできること』は，1982年にテレビ初の戦争ライブ，つまりビジュアル化された「フォークランド紛争」に端を発します。

このイギリスとアルゼンチンの戦争，鉄血宰相サッチャーが辣腕を振るって，航空母艦やらミサイルやらが登場するハデハデしい戦争。これをロイター電が世界中に放映したから

驚きでした。これを見て心を震撼させたのは大人ばかりではありません。子どもたちは大人とともにテレビを見て，驚きと恐怖でいっぱいになりました。その気持ちを，彼らは子ども文庫のおばちゃんにぶつけてきました。

「すごいよ，ミサイルで闘っていたよ。おばあちゃんが，あれで人を何百人も殺すんだっていってたよ。おばちゃん，あれやめさせられないの？」
と真剣な顔つきです。

「うん，そうだよね。やめさせなくちゃね」
私もまじめに答えます。いつの間にか子どもたちが集まってきて，口々にテレビニュースの話を始めます。そのうち一人が，

「おばちゃん，大人でしょ？　あの戦争やめさせてよ」
と言い出します。するとほかの子たちも

「そうだ，大人だ。大人の人がやめさせるんだ」
と勢いづきます。

今なら子どもたちはゲームやテレビ，DVD等で闘うことに慣れているし，テレビで戦争をごくあたり前のように流しているから，こんなことなど言わないでしょう。20年あまりも前の子どもたちは，親たちや祖父母，教師等がきちんと平和教育をしていたとみえ，こんなことを言ったのです。

「うん，私も大人だけどね……」と，とっさのことゆえしどろもどろになって困り果てました。子どもたちが本を抱えて帰った後も，そのことをずっと考え続けていました。

そのとき，ひらめいたのが紙芝居。私の行動はこれでやろう，これしかない。ということで，私と同じように"何とかしなくちゃ"と立ち上がる主人公の姿が浮かんだのです。題

名はすんなり「おじいさんのできること」と決め,すぐに描き出しました。

② 『おじいさんのできること』を演じる

あらすじ:

　長崎の原爆で2人の男の子を亡くしたおじいさんは,ある日,新聞の中性子爆弾(人間だけを殺して建物などはそのまま残る)開発の記事を読みます。「何とかしなくちゃ,これでは同じことの繰り返しだ」と立ち上がり,反戦反核の思いを描いたプラカードをもって町に向かって歩き出します。

　それを見た人たちが「おじいさんのできることは,私にもできることだ。私も戦争に反対です」と同調,後に続きます。その人数は瞬く間に増え,次の日も次の日も列は続き,町から町へ,ついには世界中へという具合。

その列を紙芝居10枚をつないで表現してみました。その長さは4メートルにもなるので,子どもなら10人,大人なら4,5人に前に出てきてもらって参加してもらいます。

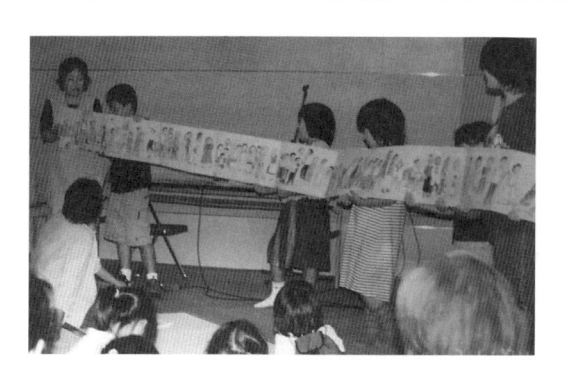

子どもたちは競って紙芝居を持つ役をかって出て，後ろのセリフを大声で演じてくれます。いつのまにか自分もピースマーチに参加している気分になるのかもしれません。

　やがてこの紙芝居は人々の知るところとなり，ぜひほしいといわれるたびに，24枚のこの作品を，カラーコピーもない時代に4，5冊も描いたでしょうか。そんな折，仙台市の反戦グループ「きゅうの会」（今，戦争と平和を問う九日の会）から出版の話が起こり，ささやかにみんなで出版しました。

　その後この作品は，内容に同調する外国人を含むボランティアの手で，英語，ドイツ語，フランス語，ロシア語，エスペラント語に翻訳され，広く世の中に出て行き，今なお現役で活躍中なのです。

(4) 地元の戦争の話を紙芝居化する

　その土地で生まれ育った人なら，その地であった戦争も人の心もよくわかるでしょうが，他所者にはなかなか立ち入れない領域です。20年近く住んだ頃，いろいろな人が打ち解けて空襲の日の話をしてくれるようになりました。体験者を訪ね，話を聴き，それをもとに紙芝居をつくりました。

●**作品紹介**　髪ゆいやのあさちゃん－仙台空襲のはなし－
あらすじ：

　大きくなったら，お母さんのような髪ゆいやさんになろうとしていた小さな女の子，あさちゃん。

　7月9日の未明の空襲で還らぬ人となってしまいました。前日に母親から結ってもらった髪に飾ってあった櫛が最後まで燃えていました。……この話を仲良しの友人の口

から語る形式,「私がこのことを伝えなければ,大きくなったら髪ゆいやさんになろうとしていた女の子は,この世の中にいなかったことになります」という言葉で終わりをしめています。

これを地元の子どもたちに見せると,地名など知った名前が出てくるせいか興味津々,口々に思いを語ってくれました。

つまり,人は自分のテリトリーの話が気になり,真剣に見るということです。地元の戦争の話,時節に合った平和紙芝居は,まさに手づくりが大きな力を発揮するということなのです。

3.4 福祉紙芝居

(1) 福祉紙芝居の可能性

人が豊かに幸せに暮らしていける社会を福祉社会といいます。そして社会的・身体的ハンディ等で支援や介護を必要とする人が暮らしやすくなるサービスを,社会的に提供することを社会福祉と呼んでいます。

さて,紙芝居で何をどこまでできるのでしょうか。今までつくられてきた紙芝居,私が出会った手づくりの福祉紙芝居は,およそ次のように分類でき,どれにも紙芝居としての可能性があふれています。

1. 福祉活動を知らせる紙芝居
2. ハンディをもっている人を回りに知らせる紙芝居
3. ハンディをもった子ども向けの紙芝居
4. ハンディをもった子どもが描く紙芝居

なお,福祉の一つである老人福祉の分野は,章を改めて掲

載しています (5.2)。

また，印刷紙芝居では，仙台社会福祉協議会発行の『福祉紙芝居』全10巻があります。

(2) 福祉紙芝居のいろいろ
① 福祉活動を知らせる紙芝居
●作品紹介
① ミックのしごと
 作：仙台市太白区社会福祉協議会実習生（平成18年度）
 内容：盲導犬ミックの生活を通して，盲導犬の果たす役割を知ってもらう
② くるまいすのハッピーくん
 作：ときわひろみ
 内容：おちゃめな車いすの冒険を通して，障害者にやさしい町づくりとは何かを考える

② ハンディをもっている人を回りに知らせる紙芝居
●作品紹介
① みんなともだち
 作：仙台市太白区社会福祉協議会実習生（平成17年度）
 内容：まもる君とろうあの女の子あいちゃんとの交流を通して，障害を理解していく作品
② 青い自転車
 作：河野保子　画・演：柿本香苗
 あらすじ：
 　小学校に入学したての秋子ちゃんは，感受性の強い元気な子ども。耳が聞こえないので言葉をしゃべることはでき

ません。いつもみんなとは別に言葉の教室で学んでいますが苦手で、物に名前があるということがなかなか理解できずにいました。

　ある日、自分の好きな色、青色の自転車を買ってもらったことがきっかけで、「アオ」という言葉を獲得、言葉で伝える喜びを発見し、次々と言葉を増やしていきました。実話に基づいた作品です。

③　だんだん　だんだん
　作：ときわひろみ

あらすじ：

「えっ，本当ですか。この子が障害児というのは」医師からダウン症と告げられた母親は驚きと悲しみでいっぱいになります。が，夫や家族，そして何より同じ境遇の親たち，よき専門家と出会い，しだいに立ち直っていきます。当のＴちゃんはおっぱいはよく吐くし，風邪はひく，という具合で成長がおぼつかない状態です。しかし，彼のもつ不思議なやさしさは回りの人の心をなごませました。小学校２年生までの成長記録をありのままに淡々と紙芝居化した作品です。もちろん，ダウン症がどういうものかということもわかりやすく紹介し，さらに彼の日々のエピソードをまじえながら具体的に話を展開しています。これも実話です。

『だんだん　だんだん』は，だんだん広がっていきました。できあがった紙芝居は，まず最初に彼の通う小学校の学級懇談会で演じられ，やがて全校生徒に見せられました。そしてその活動は，彼が卒業するまで続けられました。町内会では回覧板とともに紙芝居を紹介しました。その結果，町のほとんどの人が彼を知るようになり，成長した今，彼がひげづらの顔で，通り過ぎる人たちとにこやかに声を交わしているのが見られます。

この紙芝居を参考に，いくつかの地域で紙芝居がつくられて，同じように効果をあげています。また，他のハンディをもった子どもたちのためにも紙芝居をつくる人が増えてきています。その子どもの個性をそのまま紹介することで，多くの人たちの好奇のまなざしを好意のまなざしに変える力が，紙芝居にはあるというのです。

紙芝居に具体性をもたせると、伝わり方がさらに強まります。例えば、
　　Aちゃん（主人公）のきらいなものはネコ、すきな食べ物はカラアゲ、やきそば、ラーメン、苦手なのは大声、得意なのはくにゃくにゃダンス
などと紹介するとよいでしょう。

＊『だんだん　だんだん』の参考図書＝『わたしたちのトビアス』（セシリア・スベドベリ作、偕成社）

　③　ハンディをもった子ども向けの紙芝居
　その子だけに向けての紙芝居、印刷紙芝居が少々むずかしいということでつくった作品です。私の場合は、Tちゃんを主人公にし、家族を登場させたり、寝物語のとき母親がいつも使う言葉を入れたりしました。また、Tちゃんが大好きなラーメンにかかわる物語も書いてみました。

●**作品紹介**
①　おんぶして
　あらすじ：
　　お留守番をしていたTちゃん、がまんができなくなってお母さんを迎えに出ますが、疲れてしまって、通りすぎる動物たちにおんぶをお願いします。断られて途方にくれていましたが、大きな犬だけが応じてくれました。でもTちゃんは重かった。犬はぺちゃんこ、そこへお母さんが帰ってきておんぶしてもらい、一件落着。
②　ぼくはラーメンや

あらすじ：

　Tちゃんは森でラーメンやさんを開店，今日が店開きの日です。一番最初にやってきたのはキツネのおじさん。

　「へい，いらっしゃい，何をさしあげましょう？」いせいのいいTちゃんの声で，とんとん拍子に物語は進行します。

　おかげでラーメンやさんは大はんじょう，たちまち行列ができてしまいます。タララ～ララ，タラララララ～，お化けもつられてやってきました。
（チャルメラの音で抜かれる紙芝居）

　①を見たTちゃんは，声を上げて笑いました。話の中に彼がいつも聞いている言葉があったからです。ほかの子どももよろこぶから，案外うちでも似通った寝物語をしてもらっているのかもしれません。

　②を見て，言葉をはっきりしゃべるのが苦手だったTちゃんは，自分で演じたりして，いつの間にかいせいのいいラーメンやの口調「まいどありい！」になっていました。

④　ハンディをもった子どもが描く紙芝居

　私がかかわる学級の子どもたちは，紙芝居が大好きです。その紙芝居を恐竜博士のU君（自閉症）が描きました。

●**作品紹介**　きょうりゅうたちのしま（12枚　大型）
あらすじ：

　　恐竜島には，いろいろな恐竜がすんでいて，みんなとても仲良し

　　あっ，大きい恐竜（画用紙2枚分）がみんなをよんでい

る

　ソレーッ，みんなはいっせいにかけだした　（間）給食の時間なんだよ

　なにをたべているのかな，のぞいてみよう

　これは，先生たちと協力してつくったものです。毎日描いている絵をじっくり丹念にみていると，そこにドラマがあることを発見，U君によく聞きながら，話を補充しながら，小さい絵は拡大コピーをしたりして作品をつくりました。U君はとても満足しています。

　神奈川の手づくり紙芝居コンクールには，平塚ろう学校小学部からたくさんの作品が応募されます。どれものびのびとした子どもらしい，質の高い作品で，観客の目を毎年みはらせています。

3.5 偉人の紙芝居

(1) おらほの殿様，いつも悪役

　地元の偉人の紙芝居を描くときの話です。

　図書館に行くと，全国的に有名な歴史上の人物の伝記がずらりと並んでいます。ところが，そこには並んでいないけれども，地元では知る人ぞ知る偉人，伝えておきたい偉人は必ずいます。

　例えば，隣町との間の川に橋を架けた人（たち）。山越えで住民が難儀をしていたところにトンネルを掘った人（たち）。村の子どもたちは全員とりあげたというお産婆さん。

　あるいは，今は地元の名産となったものを，はじめてこの地にもたらした人などなど，庶民の中の偉人はごまんといるでしょう。

　また，大河ドラマでは，なぜかいつも悪役，必ずじのわるそうな面構えの俳優が演じる"おらほの殿様"，これが領民にはエラく人気の情けの厚い善い殿様だったという話もあります。

　視点をかえれば，悪役も地元のヒーローとなりうるのです。紙芝居で名誉挽回，紙芝居で"おらほの殿様"を善人に復活させようではありませんか。

(2) 偉人の紙芝居がおもしろくない，その理由(わけ)

　ふつう，偉人の紙芝居は子どもたちにあまり受けません。おもしろくないからです。

　ところで，偉人といわれる人たちの共通点は，おおかたこんなところでしょうか。

偉人はみんな貧しかった（貧困）
　偉人は頭脳明晰（秀才）
　偉人は逆境に強い（忍耐力，努力家）
　偉人は人よりとびぬけた才能がある（一芸以上）
　偉人は心が優しく親孝行
　偉人はよき師，友人，上役に恵まれる
と，素晴らしい。この素晴らしさをそのままに「こんな人になりなさい」と教訓がましい作品にしてしまうと反感を買うどころか，たちまち紙芝居をも嫌いになってしまうでしょう。

　価値観の変化で「偉い」の意味が異なってきている子どもたち。大人ほど権威主義ではない彼らだから，「こんな条件をもっている人は世の中に大勢いるよ。多分，偉人といわれる人はセレンディップの奇跡＊のおかげだと思うよ」とせせら笑うに違いありません。そこで，今の子どもたちにも受ける偉人紙芝居づくりを考えてみましょう。

＊　童話「セレンディップの三王子」の中で，王子たちが予期せぬ幸福な出会いをすることから，出会いの奇跡のことを言い，その能力を「セレンディピティ」という。

(3) 今流の偉人紙芝居づくりのキーポイント！
＜その１　人間ドラマを描こう＞
　偉人の人間らしいところ，失敗したり，叱られたり，くじけそうになったりする，心の葛藤場面のある人間ドラマとして，面白味のある作品をつくりましょう。
＜その２　業績を具体的にわかりやすく＞
　偉人伝は，偉人の業績の本質を理解できたときに初めて，

その真価を発揮できるのですから，紙芝居化するにあたっては，やさしい言葉で具体的にわかりやすく描く努力をしましょう。

＜その3　クローズアップしたいのはどこ？＞

人の一生を紙芝居という短い形式の中に収めるのは不可能です。光のあてどころ，一番伝えたいところを中心に描きましょう。

＜その4　時代背景，時代状況を調べよう＞

偉人が文学者ならば，その作品をじっくり味わいましょう（すぐに味わえないくらいハイレベルのときは，子ども向けのダイジェスト版を見ると読んだ気持ちになるのでオススメ）。

武将ならば，歴史的事実はもとより，同時代のことを書いた小説などを読みましょう。

つまり，あらゆる角度から偉人の生まれ育ち，活躍した日々に迫り，紙芝居の中で再生する気持ちで描いてみましょう。描きながらともに生きている感じになればしめたものです。

＜その5　セリフ場面を多くつくろう＞

偉人紙芝居はだいたい，何年に生まれ，どこでどのように育って，何年に学校に入って出たとか，何年に誰々と戦ったとか，編年体に事実を描くか，少しふくらませた紀伝体になりやすいものです。それでは少しもおもしろくないし，別に紙芝居にしなくてもよいでしょう。

紙芝居は芝居だから，その事実にドラマを見いだし，創っていかなくてはならないのです。わくわくする瞬間はこれにより展開するのですが，このあとは，「第2章　つくる」と，本章「3.9　民話紙芝居」の脚本の書き方のページを参考にし

てください。

(4) "資料がないよ"の場合

　偉人に関しての研究者が多く、資料が揃っている場合はよいのですが（これも諸説ふんぷんの場合もあるので、くれぐれもご注意を！　作者が視点をどこにおくかで話を決めましょう）、問題は新聞の小さなコラムくらいしか資料がない場合、もちろん「レッツ・ゴー図書館」となります。図書館に相談すれば、あらゆる観点からその人を主人公にするくらいの資料を揃える術を教えてくれるはずですし、他の図書館からの取り寄せも可能なのです。

　また、このことはここに行けば、この人に聞けば詳しいことがわかるという情報もいただけます。図書館は住民の生活を支える情報の拠点です！

　こんなときにこそ、あなたの町の図書館の実力がわかるし、同時にこんなことが図書館を育てる力にもなるのですから、遠慮せずに利用しましょう。多くのところは、市民のそんな相談を大歓迎するということをつけくわえておきます。

> チョット
> ひとやすみ

コラム

偉人はズーズー弁だった!

　仙台の生んだ偉人,土井晩翠先生の紙芝居を描いたときの話。

　土井晩翠といえば,かの「荒城の月」の作詞者であるが,作曲の滝廉太郎のほうが有名で,実は仙台の人ですら彼を知らない人が大勢いるという具合である。

　彼は教師,詩人,文学者としてたくさんの詩集や翻訳本を出版し,その上,宮城県を筆頭に東北各地,その他の学校の校歌を数多く作詞している。その道では有名なのに,あまりおもしろいドラマがないのだ。つまり,紙芝居的エピソードにこと欠く御仁なのだ。偉い,賢い,立派だったと例のごとくほめちぎってはおもしろくもないし,見てももらえない。

　何かないかと,日々資料をあさっていたら,あった！　たった数行,晩翠は見事な方言のしゃべり手,ズーズー弁であったというのだ。本名は土井(つちい)というのだが,彼が言うと自ずから"ツツイ"と聞こえる。何度も間違われるので,怒り心頭に発し,"ドイ"と改名し新聞に広告までだしたという。

　また,それゆえに受け持つ授業の英語の発音もひどく悪くて理解できない。おかげで生徒は必死で勉強せざるを得なくて,成績優秀者が続出したとかしないとか。

　このズーズー弁,今や仙台の人の大多数がしゃべらない。「シェンダイー　シェンダイー　オチルヒトガ　シンデカラノッテクダサイ」「オススニ　マッサムネ」(お寿司に正宗)という昔懐かし駅頭のアナウンスや売り子の話はあまりにも有名。何とも言えないぬくもりのある言葉なのに,はてさて,もったいないということで,叱られるのを覚悟してこのことを脚本の転のあたりで笑いとして使ってしまった。すると,あにはからんやさにあらず,生粋の仙台の人から「先生の人柄がよく出ていますよ」という感想をいただいたので,心底ほっとした。

　人柄を出すには言葉が一番,でも大阪弁のように明るくた

おやかさをもっていない東北弁は,コンプレックスをもっている人がかなりいるというのが現実,本当にどきどきしていた。
晩翠 「ハズメマシテ　ワダスガツツイデス」
客　　「ああ　ツツイ先生ですね」
晩翠 「ツガイマス　ツツイデス」
客　　「ええ　ですからツツイ先生」
晩翠 「ナヌウ　ツツイデス」(怒って)
……と,ちょっと遊びすぎたかな?
　ところで偉人伝は,偉人の業績の中身を理解できるときに初めてその真価を発揮できるのであって,ただ偉いから偉いんだと子どもに思いこませるのはよくないと,ある本で読んだことがあるが,然りと思う。
　そこで,晩翠先生の場合,ホメロス作の古代英雄叙事詩「イーリアス」と「オデュッセイア」の翻訳がまず一番すごいということで,どんなものかと読みだしたのだが,すぐにサジを投げた。長いということと,難しいこと。すぐに,小学6年・中学以上の再話本に挑戦し,これは読めた。けれど,心苦しく何か物足りない。後できっと本物を読破してみようと思っている。……それにしても,戦前,完璧な辞書もないときのギリシア語の原典からの翻訳だというし,50年もかけての完訳,もちろん日本で初めてである。晩翠は本当に偉いなと心から思った。
　そこで,そのままの気持ちを紙芝居に表現してみた。
　彼を一番有名にしたのは「荒城の月」の作詞,これは何度も歌い,詩の鑑賞を改めてしてみた。あの時代に生まれた日本独自の詩の形態である新体詩もおもしろいと感じられた。詩を口ずさみながら歩くなんていい時代だったんだなと,心はすっかり晩翠と同時代。土井晩翠のファンになってしまった。そして,一人の人間の一生を一生懸命生きて逝った土井晩翠を,一番みんなに理解してもらいやすい紙芝居に表現できたことをうれしく思った。

3.6 この頃ご当地の話題紙芝居

その町にはその町の人しか知らない，見られない話題があるもので，寄るとさわると時候のあいさつのように噂に上るあのこと，このことがあるものです。

よい話なら，夏の河畔を一世風靡したゴマフアザラシの話があります。はじめは多摩川，それから横浜と，愛くるしい姿で川ごとに呼び名が変わり，マスコミの報道も加熱しました。日本人は害のない限り動物が好きなのだと思います。

そして，あまりにもかわいいから，それをヒントに紙芝居をつくりたくなるのは当然のこと，アザラシのタマちゃんを主人公に，たちまち愛らしい作品が二つできあがりました。

●作品紹介
① 月とあざらしのタマちゃん
　作：武井英子
② タマちゃんのかぞくりょこう
　作：武井英子

①が子どもに大受けしたので，その感動をさらにふくらませてつくったのが②です。

さて，悪しき話題もあります。

「クマが小学校に出没」「カモシカに野菜をやられた畑作農家」その他，サル，イノシシと獣害はこのごろ広がる一方です。山の近くの農家は，収穫時期ともなれば戦々恐々，深刻です。

絵本やおはなしに出てくるクマもサルも，子どもたちにと

っては友達のような存在だから，そのことを話題にする紙芝居づくりは気が重いものです。その原因も，自然環境の変化や人間が生態系を崩したから，過疎化や高齢化社会になって畑の管理がおぼつかなくなったからとかいわれ，その上に捕獲や処理方法などの対策が現実として迫ってきます。ジレンマを感じつつ，折り合いをつけて，仲よく共存できないものかという理想的な願いをこめて，紙芝居はつくられるのです。

●作品紹介　なでら山のさるとばあちゃん

脚本・画：折原由美子
あらすじ：

　キーキーキー
　今日も斜平山（なでらやま）からサルの親子が群れをなしておりてきました。トウモロコシ，スイカ，カボチャ，丹精した作物はみんなサルに食われてしまうオシカばあちゃん。

　ある日，いつものようにフライパンをガンガンならし威嚇すると，サルの子っこのチビ丸が，母ザルの背中からツルリと落ち，干してあった漬物ダルの下にとじこめられてしまいました。それを見ていたオシカばあちゃんは，サル

> チョット
> ひとやすみ

コラム
参考資料の使い方

　作品をつくるとき，内容をより充実させるため，多くの人が参考資料を使う。そして，自分ではこうであると思い込んでいたものが，本を見てはじめてまったく見当違いであったことなどわかったりすると，調べることの大切さを痛感するものである。

　紙芝居は多くの人に見てもらうものだから，たとえ手づくりといえども本当のことを伝える努力は惜しまずにおこう。また，どの本を参考資料にするかで作品の方向性を決められることもあるので，ふだんからいろいろな方面にアンテナを高く掲げ，いざというときに使える自分の考え方のポケットをたくさんもっているとよいようだ。

　さて，『なでら山のサルとばあちゃん』の作者は，どんな参考資料を使ったのだろうか。聞いてみよう。
　1)『ニホンザルの自然誌－その生態的多様性と保全』(大井徹・増井憲一編著　東海大学出版会)
　2)『河合雅雄先生とゲラダヒヒ』(高橋健文　ポプラ社)
　3)『科学のアルバム　ニホンザル』(あかね書房)
　以上であるが，ちなみに作者の畑には本物のサルがこのとおりにやってくるそうだから，何よりの資料は，すぐそばにいつもいる彼ら，サルということなのだろう。

をつかまえず痛めつけず，優しくさとして山に逃がしてあげました。

　冬が来て，大雪が降ったある朝，チビ丸たちは誰もとる人のない柿に群がっていましたが，雪でつぶされそうな一人暮らしのオシカばあちゃんの家を発見，総出で雪下ろしをはじめます。

春になって、オシカばあちゃんは野菜の種をまきながら、チビ丸を思い出し、「やっぱり、サルの分も植えるとしょ」とつぶやくのでした。

3.7 保育者の手づくり紙芝居

(1) しつけが目的の紙芝居？

　幼稚園、保育所の先生たちと手づくり紙芝居をつくることがあります。みんな子どもに関しては専門家ですから、大半の人が紙芝居で日頃から悩んでいるテーマを解決しようという意気込みで参加してきます。

　「すぐにケンカする子がいます」「何をいってもイヤダという子がいて困ってます」。好き嫌いが激しい子、生き物をいじめる子、午睡を嫌がる子、整理整頓ができない子、かみつく子、うそをつく子、人のものを盗む子、などなど、成長過程で起こる現象であっても、特に若い保育者は深刻に悩んでいます。

　そこで、最初に市販の紙芝居の中から、いわゆるハウツウもの的なしつけを目的としている作品と、もう一つ、子どもも大人も内容がおもしろくて引き込まれてしまう作品、でもよくよく考えるとテーマはしつけに結びつくという作品を見てもらいます。そして「どちらが好きですか？」と聞くと、やはり子どもが大好きで、子どもの味方の保育者ですから、もちろん後者を選びます。

　それからいつも通り、たて続けにさまざまな紙芝居を演じ、紙芝居の本当のおもしろさを知って確信していただいたところで、ストーリーづくりに入ります。

(2) ストーリーの中にテーマを練りこもう！

　いつも現場でいろいろな個性の子どもたちに接している上に，おはなしをつくったりするのが得意分野の保育者．若い人ほどすぐに集中して箱文書き（ざっとあらすじを書くこと）にとりかかります。

　先ほどの深刻な面持ちはどこにいったのでしょう。おもしろがってつくっているらしい笑い声が，あちらこちらから聞こえてきます。

　テーマをそのまま料理もせず，単刀直入に紙芝居に描いた場合，それは標語と同じで少しもおもしろくなく，見た当座は意味を理解するものの，心に深く残ることはないでしょう。

　つくるほうがあまり意図としていなくとも，話の中にテーマが密かに練りこまれている作品，そんな物語の力はやはりたいしたものなのです。

　よい作品は子どもを卑屈にさせず，前向きの明るい気持ちで自らの非をあらためることにつながるのではないでしょうか。後から何度でも見たくなるような，心を変えてしまう力のある作品，心の栄養となるような紙芝居をつくっていきたいものです。

　かなりおもしろいストーリーが，いくつもできあがりました。シナリオ（脚本）づくりの基礎（「第2章　つくる」参照）を学び，次は絵を描く作業に入ります。

(3) キャラクターはオリジナルで！

　保育者はだいたい絵が得意です。描きなれているので，さっさと描き出します。でも，どこかでみたようなキャラクターが多いのは残念です。個性あふれるあなたの絵を描いて，

あなたの書いた物語を完成させて下さい。CG作品にも時々出会いますが，心を直接肉声で届けるのが特性の紙芝居には似つかわしくなく，あたたかみのある絵の具のガサゴソとしたタッチには負けます。

(4) 大好きな人の描いた紙芝居にクギづけになる子どもたち

「わたしは絵が苦手です」という人も，それなりにがんばりましょう。下手であっても，一生懸命に描いた作品は子どもの心を打ちます。大好きな人が自分たちのために描いた作品となれば，なおさら熱心に見てくれます。

「ぼくもカミシバイかきたい」「わたしも，せんせいガヨウシちょうだい」「ちょうだい」
と，見た子どもたちが全員積極的に描き出したという例もあります。保育者が下手であったからこそ芽生えた，子どもたちの自然発生的な表現力であったかもしれませんし，絵のもつ愛情がそうさせたのかもしれません。

●作品紹介

① やんだムシくっつくぞ
　作：さいとうゆか
　あらすじ：

　このムシにくっつかれると誰でもたちまちヤル気を失うというやんだムシが，動物保育園のこぶたのブーちゃんにくっつきます。ちょうど運動会の練習をしている最中，ブーちゃんは「ブヒーッ　はしるとあせがでるから，ゆっくりはしるよ。ああめんどくさい，やんだやんだ」とモタモタ，ノロノロ。やんだムシは「ギヒヒヒ，いいぞいいぞ」

とおおよろこび。それをみていたキリン先生,「きょうのブーちゃんおかしいわね。もしかしたら,いつも運動会のこの季節に飛んでくるあのムシがくっついているのかもしれないわ」そう言って,むしめがねをもってきました。すると,いました,やんだムシ。それから,おともだちとブーちゃん,うんとがんばって……やんだムシ追い出し作戦の開始です。
② ひまわりぐみ　たんけんたい
あらすじ：
　園の砂場をみんなでほって,冒険をするはなし。先生の名前も本名,園児一人一人の名前が登場するので,これはすっかり本当の話になっています。途中,園長先生に似たもぐら男にあって,道をきくところで抱腹絶倒です。
③ イモ当番わすれちゃった
あらすじ：
　ある晩,けんちゃんのうちに電話がかかってきました。「お水ちょうだいよぉ,のどカラカラだよ。」なんと園のおイモからです。動植物を育てるときの心構えをおもしろおかしく伝える作品です。

まだまだ紹介したい作品がありますが,保育者一人一人が子どもと真向かい心をつかめばつかむほど,生活感のあるおもしろい作品がこれからもどんどん生まれてくることでしょう。保育者は,おはなしの宝箱の中にいることを知ってください。

3.8 家族紙芝居

　家族の形態が高齢化と少子化，そして経済の都市集中，地方の貧困化のために，さらに大きく変わってきた21世紀，どんな家族形態にも大なり小なりの葛藤と問題点が鬱積し，紙芝居の格好なネタとして登場してきています。しかし，そのどれもが深刻性などさらさらなく，おもしろおかしく表現しているのが興味深いところです。

　何ごとも視点を変えれば見えるものが違うし，それをさらに客観視すれば人間世界はすべて笑ってしまう喜劇です。手づくりでこの分野を手がける人たちがみんな，「紙芝居を描いていると，元気が出てくる」というのは，視点を変える術と客観的に見るおもしろさ，つまり人間観察のツボにはまったのかもしれません。

　そして，家族だけにしか描けない家人の話，中には誰も入り込むことのできない，愛情に裏打ちされ固いきずなで結ばれた世界を淡々と描いた作品もあります。

　かと思えば，驚くべき紙芝居が出現しているのもこの分野です。梅干の漬け方，正月料理のエトセトラ，本来はレシピ1枚で片づくのに，それをわざわざ物語風に決めて紙芝居化しています。これらはおふくろの味，祖母の味を家族に，次世代に伝えたいという口伝的要素の強い，手づくりならではの作品なのかもしれません。これから何が出てくるか楽しみな「家族紙芝居」です。

●作品紹介
① 母からの初めての手紙

作：かっぷるつかだ
あらすじ：

　戦後，日本人が皆貧しかった時代，苦労する母親の姿に，進学をあきらめようとする圭太。母は激怒し，貯金通帳を差し出し，進学を促します。母の期待に応えるべく進学し，やがて卒業。就職のため上京する圭太に，母は1通の手紙を渡します。それには進学のとき見せた通帳の秘密と，母が子を思う切々とした文面が書かれていました。回想シーンに意外なしかけがあって，まるで映画を見ているような雰囲気にひたれる作品です。

② 　わたしのおにいさん
脚本・絵：井出裕子
あらすじ：

　「ここに私が赤ん坊の頃，今から50年以上前の古い写真があります……」
と始まる，脳に障害をもちながらせいいっぱい生きた4歳年上の兄との日々を描いた作品。セピア色のアルバムをめくりながら，淡々と事実を告げるだけの展開は，かえって作者の兄への愛情を感じさせ，こみあげてくるような切なさを感じます。

③ 　秘伝　梅干伝授手習鑑
脚本：浜ひろ子　　画：はやしだつぎこ
あらすじ：

　孫たち，毎日食べてる，おばあちゃんのうめぼし，おいしいおいしいっていってくれるうめぼしの漬け方を教えておくからね，よーくおぼえておくんだよ。……まず，うめの実は，せんとく市場の角から3軒目のやおやさん，南高

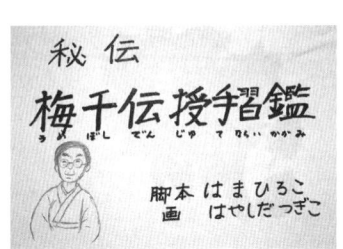

梅がいいねえ……と，これを見れば梅干のつけ方がわかるし，カビや雨にあたるなどの失敗の際は……と，秘策がちゃんと書いてあります。なるほどと思う作品。

3.9 民話紙芝居

民話は民俗学上，昔話・伝説・世間話の三つに分類されています。そしてこれらは内容的，形式的にもそれぞれの特徴をもっています。そこで，それらのもつ特徴をなるべく生かした紙芝居づくりが大切だと思います。

(1) 昔話紙芝居をつくる
① つくるときのポイント
○どの話を紙芝居化するかをよく考えよう。語りのほうが想像の世界が広がり，おもしろいものもある。
○残酷な場面はことさら描かず，言葉で創造させるほうが効果的。
○方言はその土地の気候風土，精神が脈々と流れているから，方言で語れば昔話はなお深みを増す。紙芝居には語る方言を表現する絵があるから，理解しやすいので，老

人ケアの場合は方言を生かしたほうがよい反応がみられるという声は多い。子ども向けの場合は，ある程度わかりやすく伝えるほうがよいという説が主流だ。

② 脚本の書き方
＜心は探偵気分で！話をふくらませよう＞
　昔話は耳で聞くものだから，とてもシンプルな文体になっています。そこで，脚本をつくる前に話に肉付けをして，情景，状況，人の性格等をふくらませる想像（創造）作業をしましょう。
　原文を何度も読んで，もてる推察力，洞察力，連想力などを駆使して，まるで探偵になった気分で考え，起承転結の内容で，おもしろい展開のある紙芝居らしい話を考え出しましょう。
＜脚色の妙＞
　話によりますが，そのストーリーをより際立たせるために，原話には登場していない人物などを登場させることがあるし，また余分なものは捨象することもあります。脚本の妙です。
　基本的な脚本のつくり方は，2章をご覧ください。
＜原話から脚本まで＞
　次に，実際の作品を見ながら，原話から脚本の生まれる過程を見てみましょう。

●**原話**　（はじめの部分のみ）
　『ズンズンガラリンど　バンバンガラリンどスッケラボー』（語り手：佐藤貫之）

むがす，むがす，あっとごぬ（あるところに），ろくぶ（六部）が，えたんだど。
　ある晩がた（晩方）のごど，ろくぶが，「こんにゃ（今夜），どこで夜明がすすっぺぇ（夜明かしししよう）なあ」ど，にやずすながら，ええでったッけえ，あんべえぐ（都合よく），ぶっこれおでら（荒れ寺）があったんだど。すばらぐ（しばらく）だれも住んでねェのが（住んでいないのか），クモのえず（巣）だれげで，タダミ（畳）は，ボロボロだったんだど。ろくぶは，そだ，あずべで，ろばた（炉端）でノンノンど，しィ焚えで当だってるうずぬ，うねって（寝込んで）すまったんだど。なんどじが（何時間か）もよって（たって），でえどごろ（台所）の方で，ガターンと，おっちゃおど（大きな音）がすたんだど。ハッと思って，めェ（目）覚ますたッけェ，化げ物が，
　ズンズンガラリン，ズンガラリンど囃すながら（囃しながら），踊りコ踊って出はってちたんだど。
（『むがす，むがす，あっとごぬ』佐々木德夫編，菅野新一校訂，日本の昔話13，未来社　より）

● **作品例**　ばけでら
　作：ときわひろみ
（1枚目）
　むがすむがす，うんとむがす
　旅をしていた，六部がいたんだと
　六部「さあて　今夜はどごさに　とまるかな
　　　　おおっ　ここお寺だな
　　　　いやあ　ぶっこわれそうな汚ねえ寺だ

　　　　誰も住んでねえ　みてえだ
　　　　よしっ　ここで　一晩とめてもらうべ」
　──抜く──
（2枚目）
　六部「ああ　あったけぇ　生きかえった。
　　　　んだ　酒っこ　ちょぺっと残ってたな
　　　　おう　あったあった
　　　　こいづ　飲んでやすむとすっぺ
　　　　イカのあし　あるつもり……
　　　　大根漬け　ここさ　あるつもり……
　　　　ああ　腹にしみわたる……」
　──ゆっくり抜きながら──
　それから，ごろり横になると
（3枚目）
　　　グォーッ　グォーッ
　あっという間に，高いびき
　　　（間）
　するとそのとき
　　　ガターン
　と音がして……
　化物「おう，もうねたか……ねたな……」
　と何かがやってきた……
　──さっと抜きながら──
　化物「ソレッ」
（4枚目）
　　　ズンズンガラリン　ズンガラリン
　　　ズンズンガラリン　ズンガラリン

へんなばけもの，おどり出した
するとまた
　　ガターン　　　　　（以下略）

（これより話は佳境，バンバンガラリンと踊り出すまな板
　（ちり板），そしてノーエラスッケラボーと踊り出すかび
　たみそ（かぷけたみそ）の一つ目，つられて踊り出す六部
　との真夜中の大競演が始まる。）

　この話に出会ったとき，私は踊りを踊る際のオノマトペに
びっくりしました。全国にこの種の話はいろいろありますが，
こんなに体全体を動かして踊るものはないでしょう。
　案の定，子どもや老人の中には紙芝居に合わせて踊り出す
人もいます。演者も楽しくなって心躍らせながら演じます。
　できあがった作品をもって後日，採話・再話をされている
佐々木徳夫さん（仙台市在住）に見ていただくと，にこにこ
笑いながら，「ほうっ，こんなふうになったのかい」といわ
れましたが，きっと語りにない動き，躍動感を感じていただ
いたのだと思います。

(2) 伝説紙芝居をつくる

　伝説は昔話と違って，登場人物，時代，場所も特定されているのが特徴です。話は事実であるという前提に立って言い伝えられてきています。

　① つくるときのポイント
　○話をよく読み，何を一番伝えようとしているかを知ろう。そしてクローズアップする箇所を決め，それに至る伏線の書き方なども考えよう。話の筋だけを追う脚本づくりはおもしろみがないので，大所高所から話を見つめ，動きのある展開を考えよう。捨象の勇気をもとう。
　○登場人物の様子，年齢，性格，職業などを想像し，話をふくらませ，おもしろい展開を考えよう。
　○時代考証が必要，その出来事が起こった頃の歴史を調べよう。衣装，髪型，住居をはじめ道路，町並みなども必要に応じて調べよう。

　② つくり方
　では，実際の作品を見てみましょう。

●**原話　泣き地蔵**（箕面むかしばなしより）
　再話：熊野禮助
　要旨：
　　小野原の墓地に高さ50cmほどの"泣き地蔵"と呼ばれるお地蔵様があります。「嘉永三年　俗名与兵衛」と刻まれたこのお地蔵様が，"泣き地蔵"と呼ばれるようになったのには，悲しいわけがあります。

むかし，西国街道沿いの小野原村で殺人事件がありました。夜道を急ぐ与兵衛という若い町飛脚が村はずれの坂道で盗賊に襲われ，殺されてしまったのです。

　手紙ばかりでなくお金までも託されるほどまじめな与兵衛は，村でも評判でした。村人たちは無念のうちに死んだ与兵衛の霊をなぐさめようとお地蔵様を彫るのですが，何度彫っても泣き顔になるのです。

　「泣き顔でも，与兵衛さんの無念が晴れるならこのまま供養してあげようやないか」と村人たちは自分たちの墓地にまつりました。

　人々はいつのまにかこのお地蔵さんを「泣き地蔵」と呼ぶようになりました。

さて，この話を元に作者はどんな脚本をつくったのでしょうか。見てみましょう。

●**作品例**　泣き地蔵
　作・画：神谷昌子
（1枚目）
　むかし　江戸時代の終わり頃
　摂津の国　小野原村に

（2枚目）

　飛脚の与兵衛が　住んでいました
　飛脚というのは　手紙や荷物を
　遠くの村に届ける仕事ですが
　今のように　車も電車もない時代
　歩いて走って　歩いて走っての
　仕事でありました

（3枚目）

　男1「与兵衛さん，走るの早いな
　　　　あ」
　男2「風のようやなあ」
　男1「与兵衛さんはなぁ　走るのが
　　　　早いだけちゃうで
　　　　まじめで　ええ人やから　安心して
　　　　いろいろ　頼めるわ」
　男2「ほんまやなー」

（4・5枚目　略）

（6枚目）

　村の人みんなから信頼される与兵衛
　年頃で　いい男前でありましたから
　女1「お嫁さんになりたいなぁ」
　女2「うちの子　もろてくれへんか
　　　　なー」
　という話がたくさんありました
　　（間）
　けれど　与兵衛には　思いをよせあう娘がいたのです

(7枚目)
　菜の花畑のはずれに住んでいる
　お里
　里「与兵衛さん」
　与「お里」
　お月さまも恥ずかしくなるくらいの
　仲の良い二人でありました 
(8枚目　略)
(9枚目)
　帰り道を急ぐ与兵衛が　村はずれの
　坂道にさしかかった時
　突然　前に立ちはだかる　盗賊の一
　味 
　盗「おい，与兵衛　今日の荷物は
　　　仰山のお金やな
　　　その後ろの大きな荷物は
　　　金らんどんすの着物やな　みなよこせ」
　与「あっ　これはだめや　だめや
　　　大事な　お客さんから　頼まれたもんや」
　――抜きながら――
　与「うわあーっ」
(10枚目　略)
(11枚目　前略)
　与兵衛さんを思う人たちは
　お地蔵さんを　つくることにしまし
　た

（12枚目）
　　　コンコン　コンコン
　男「与兵衛さんによう似た
　　　お地蔵さんになってきたな……」
　ところが
　男「あれれ　泣いたお顔になったわ」
　男「だめや　ほりなおしや」
　　　コンコン　コンコン
　男「また　泣いたお顔や」
　男「ほりなおしやな」
　　　コンコン　コンコン
（13・14枚目　略）
（15枚目）
　それから　ある日　与兵衛さんを
　おそった盗賊は
　とらえられ　重い　罰を受ける
　ことになりました
　男「よかった　よかった
　　　これで与兵衛さんも　少しは
　　　浮かばれるやろ」
　けれども　お地蔵さんの顔は
　そのまんま
（16・17枚目　略）

　さて，稲作を中心として生きてきた我々の祖先は，水にかかわる伝説も数多く各地に残しています。大蛇や龍，さては鬼などを出現させて，困難だった土地改良工事の過程を，ま

さに神業でなくては成し遂げられなかったと伝えています。それは,先人の苦労を今に伝えるメッセージにほかなりません。

●**作品紹介**　大蛇の恩返し
　文：武田静子　絵：中村幸治郎
　内容：山形県寒河江市旧高松村,寒河江川上流に位置する高松堰に残る土地改良の話です。全編,講談調で進められ,迫真の演じ方がすばらしいと思います。

(3) 世間話の紙芝居

　昔話のような形式や,伝説のようでもない実話のような話のことをいいます。いわゆる体験話,それが世間話です。幽霊の話,とんまな泥棒の話,キツネに馬鹿にされた話,力自慢などなど,人が興味津々になって耳を傾ける話,それを紙芝居化するのもまたおもしろいものです。

(4) もう一つの民話紙芝居

　親や祖父母から寝物語で聞いた昔話もあります。形式や内容の特徴は,いわゆる昔話とははずれるけれども,語ってくれた人の声が耳元に聞こえてくる,我が家だけの昔話もなかなかいいものです。
　紙芝居化して,子どもに伝える人もいます。手づくりならではのぬくもりがあります。

3.10 防災・防犯紙芝居

(1) 防災紙芝居

いつ起こるか,どこで出遭うかわからない天変地異(地震・津波・台風・洪水・土砂崩れ等々),そして火災。これらは,その正体や対処方法を事前に知っているかいないかで被害の大小の分かれ道になるといいます。テレビなどの動く映像とともに,紙芝居のように直接肉声でわかりやすく伝え,観客の想像力をかきたてるやり方は,ずいぶん前から実践され,成果をあげています。次にそれぞれの災害別に作品を見てみます。

① 地震・津波

印刷物では『稲村の火』が昔から有名です。手づくり作品では,三陸津波や阪神・淡路等の大震災体験者の紙芝居がつくられ,そのすさまじさや恐怖は,事実ゆえに臨場感があり,見る人の心を打っています。ここに紹介するのは,地震がきたらどうするか,という事前の対処方法を地元のその道の友人の依頼で描いた作品です(ちなみに,宮城県沖地震の発生確率はこの 30 年に 99％と高率です)。

●**作品紹介**　いつかしら−地震小僧,ユラノスケ参上
　作:ときわ　ひろみ
　監修:地震アドバイザー　京　英次郎
　　ズーズー弁の地震紙芝居　大人向き
　あらすじ:
　　久しぶりに仕事が休みの仙子さん,のんびりおせんべい

をほおばりワイドショーをみている。
　「次の番組は『地震について』です」となると
　「あらっ, こいな番組, 見だぐないちゃね」
とチャンネルチェンジの様子。と, そこへあらわれたのが, 小さな体の美しい少年剣士。
　「お初におめにかかります。拙者は, 貴方のご先祖様から頼まれ参上つかまつった"地震小僧, ユラノスケ"でござる。
　つまり, 地震の恐さを伝えるメッセンジャーなのでござる。」
と, なかなか礼儀正しい。迷惑顔の仙子さんを説きふせて, 近く必ずやってくる大地震に備えての家具の置き方, 固定のしかた, 食料の備蓄の必要性などを知らせて消える。うわの空で聞きながら, いつのまにかうたたねをはじめた仙子さんを突然, 激震がおそう。
　今, 聞いたことを必死で思い出しながらも, すっかりパニック状態になり逃げまどう仙子さん。電話も水道も使用不能, とび散るガラス破片に逃げ道を失い途方にくれたそのとき……
という具合。方言仕立てなので婦人会, 老人会, 町内会等で大受けだといいます。笑い笑いでいつのまにか地震対策のノウハウを知っていただく段取りとなっているからかもしれません。
　また, この他にその地域ならではの作品, 自治体が提示している避難方法や避難場所等も具体的に折り込んだものも必要だと思われます。
　その上, 近頃は地震予知の時代を迎え, またさらなる心構

えが必要となります。その時代に即応した，いつも最新の作品が要求される部門といえるでしょう。

　それから，緊急時は，人を思いやる心，助け合う心なくしては，事態を乗り越えることができません。『稲村の火』が今日まで伝えられているのは，底に流れているヒューマニズムの力であるといわれています。そうした人間愛に裏打ちされた作品の出現も期待されるところです。

参考：「いなむらの火」大型紙芝居防災シリーズ　脚本：川崎大治
　童心社
　「『稲むらの火』の文化史」府川源一郎　久山社

　② **火事**
　防災紙芝居は，子ども向けの印刷紙芝居が多数出版されているし，大人にはわかっていることなので，紙芝居として表現されることは少ないといいます。

　しかし，現実には失火原因のほとんどが大人の仕業ですから，常に喚起していかなければならないのでしょう。次に紹介するのは，消防署のフェア用につくったものの一つです。

●**作品紹介**　ちゃらぽこP子さん（天ぷら火災の巻）
　作：ときわ　ひろみ
　　　ちゃらぽこ＝おっちょこちょい
　あらすじ；
　P子さんは，結婚1年目，幸福(しあわせ)いっぱいの新米奥さん。昼間は近くのスーパーにパートで働く一見なかなかしっかりした女性です。ところがある日，この幸福な家庭に困っ

たことが起きました。

　それは……リーン・リーン、夕方の一本の電話から始まったのです。電話はいとしのハズバンドよしおさんからで、なんとおしゅうとめさんが夕飯にやってくるという知らせ、そして彼女の注文料理は好物の天ぷら！　ギョイーン、エーッ、ウソーッ。

　天ぷらが大の苦手のＰ子さん、観客に手伝ってもらいながら奮闘とあいなるのです。ところが、揚げようと油を注いだそのときに、なんと長話で有名な町内会のガラボシさんがやってきたではありませんか。ほんのちょっとの間だからと、天ぷら鍋をかけっぱなしで応対するＰ子さん。さて、ここで、また観客に参加してもらいクイズです。

　天ぷらの最適温度180度には点火後、どのくらいの時間でなるでしょうか。（答：4、5分）

　加熱後、どのくらいの時間で油に火がつくでしょうか。（答：15分）

　応対に懸命のＰ子さん、それでもラッキーなことにちょうどおしゅうとめさんからの電話、長話から解放され、しかも夕飯訪問キャンセルのうれしいニュース。

　と、そのとき、やっと思い出したかけっぱなしの天ぷら鍋。アーッ、間一髪の差で引火をまぬがれたという話。

今や、いろいろ安全面を考えた台所製品がつくられてはいますが、まだまだ安心という域に達していないのが現実です。それゆえ、天ぷら火災は火災原因の上位に数えられています。

　「天ぷらで家まで揚げるな火の用心」ということで、観客の心をハラハラドキドキさせながら、うっかりミスの恐怖をインプットしようという紙芝居なのです。

(2) 防犯紙芝居

　手づくりの防犯紙芝居がたくさんつくられています。とくに小さい子どもを対象にしたものが多いのは，この十数年来目立って多くなった，略取誘拐などの子どもをとりまく凶悪犯罪の影響があるのでしょう。

　子どもは親と学校と地域が連携して守るということで，特に地域住民の防犯パトロールはもう全国的な活動になってきています。

　それに連動して啓蒙紙芝居をつくり，さまざまな機会に紙芝居を演じているのです。幼いときからの防犯教育，自分を守る術を教えようと，幼稚園児，保育園児から始められています。

　ゲーム感覚でしてしまうという万引きをテーマとしたもの，薬物防止，自転車の盗難防止，いじめなどが描かれ，中学生たちも描いています。

　大人用，高齢者向きには「ふりこめサギ」，「悪徳商法」対策も紙芝居の題材になっています。内容は通り一遍のものから，さらに具体性を帯びたものまでと千差万別です。

　誘拐防止がテーマの場合，形式的にも子どもがただ受け身で見るというのではなく参加紙芝居型，といっても反復，唱和させるタイプではない，物語の中の質問に自らの思いで答え，体験させる形式のものが多く，積極的になっているのも興味深いところです。つまり，現実はそれほど切実なのです。

　ところで，手づくりでぜひ描いてもらいたいのが，犯罪に走る子どもたちの心の問題です。有島武郎の「一房の葡萄」のような，心の葛藤をたくみに描いた質の高い作品です。

　題材が見つからない，何を描いたらよいかわからないとい

う場合は，子どものときに聞かされたシンプルな勧善懲悪の話や，人の生き方の神髄を描いた作品など，自らが感動したもの，心に残っている物語を，今の子どもたちに通用するようリメイクするのもよいのではないでしょうか。

　弱い心を強くするには，叱咤激励よりも優しい語り口の物語のほうが心を打ち，共感させる力，涵養力もあるといわれています。隔靴掻痒の感のある紙芝居が力を発揮するのは遠い将来のことかもしれませんが，漢方薬のようにじわじわと効いてくるのが，物語世界の特徴というわけです。

　今日演じられている対症療法的紙芝居は，即効性はあるものの，下手をすると人に対する恐怖心，猜疑心，「人を見たら泥棒と思え」的気持ちにさせられるきらいがあります。そんなことになったら，人生観も生き方をも夢のない寂しいものにしてしまうことでしょう。それしか見ないで家に帰り，バトル系のゲームに興じる文化であるのなら空恐ろしいことです。心の栄養になる楽しい紙芝居もともに見せてほしいのです。それがひいては本来の防犯教育に結びつくと思っているのですが，いかがでしょうか。

> チョット
> ひとやすみ

コラム

人は信じあえることを教えたい

　関西のある町の図書館に,紙芝居の実演をしにいったときの話。

　少し早く着いたので,館のまわりを散策して開館時間を待っていたら,後からくる集団より先に駆けてきた3,4歳くらいの男の子と会った。みれば絵本袋をとくいそうにひきずってもっている。

「図書館に本をかえしにきたの?」

　文庫のおばちゃんのいつもの慣れで,ついつい声をかけてしまうと,可愛い顔をまぶしそうにしかめて「うん」とこっくり。

「あのね,今日,私,この図書館で紙芝居をするの。みにきてね。」
と,PRしてもう少し話そうとしたそのとき,

「あかん,しゃべったらあかん」

　彼より2歳くらい年上の男の子が,どこからか走り寄ってくるや,その子の口を手でふさいだ。

「あかんゆうたろ,知らん人と口きいたらおかあちゃんに叱られるよってな」

　語気強くいう声に弟らしき彼は「うわーん」と大声で泣き出し,私は一瞬おろおろと困りはてた。兄は私から目をはなさず,ぎょろりとにらみつけた。

　さて,しばらくして図書館の一室で「紙芝居をみる会」がはじまった。どこの会場でもみられるように,子どもたちはうれしそうな顔をして集まっている。親たちは後ろに座り,子どもたちはじゅうたん席にゆったりと座っている。会場をみまわして驚いた。なんと一番前にあの兄弟が仲良く座っているではないか。

「よかった!」

　さっきのいやな気持ちは一度にふきとんだ。それどころか,心の中がじわりとあたたかくなったのだ。

　紙芝居を演じながら,私は時々二人のほうをみた。口を大き

くあけ豪快に笑う兄，画面を指さしたりして，時折，身をよじってくすくす笑う弟。

　紙芝居が終わったら，他の子どもと同じように駆けよってきたが，彼らは先刻のおばちゃんと私が同じなのか，そうでないのかなどはどうでもよかったらしい。紙芝居のおはなし世界で共に存分に遊んで満足したら忘れてしまったのだろう。

　あとから関係者に聞くと，この地域で略取誘拐事件が起こり，未解決。そのため，人々は大人も子どももいまだピリピリしているとのこと。そういえば，もらったチラシにも子どもの護身術の講演会やら，外出時の注意事項がイラスト入りで記されてあった。そして，先刻の件も……。

　「こんなとき，図書館ではどうするんですか」なんて。ちょっと質問したくなった。というのは，図書館は本を貸し出すだけの施設ではないはず，住民の生活に密着した動きとはいかなることをするのだろうかと思ったからだ。

　「まず発生後，すぐ親がさまざまな情報にふりまわされ，子どもたちが動揺するのをふせぐため，こんなときはどうしたらよいのか，子どもとどう向かいあっていったらよいかという心理面の対処方法の本を中心に関係本を集められるだけ揃えて，入口近くに置きました。それは，あっという間に借りられていきましたね。その他は，お話会も何でもいつも通りです。

　また，この地域は平素から，読書ボランティアが保育園や小中学校に入って，お話，読み聞かせ，紙芝居等を熱心にしています。事件後，入っていただいた専門家の方々が子どもたちに過剰な動揺が見受けられなかったのは，きっと。いつも読んだり見たりしている本や紙芝居のおかげかもしれないと言っておられましたが……図書館に来ると子どもたちは何だかほっとしているようですよ」

　関係者の方は，いまだ続く地域の閉塞感の中，図書館があることの意味，果たす役割のようなものをさりげなくいわれたように思えた。そして，

　「でも，やっとこの頃，子どもたちが公園で遊ぶ姿がみられ

るようになりました」
と少し明るい声でいわれた。外を見ると、さっきの子どもたちが元気に走りまわっているのが見えた。
　人が人を信じられない時代なのかもしれない。しかし、私たちは子どもたちに、まずもって、人が信じられることを教えていかなくてはならないと思う。そして、少し声を落として、だけど残念なことに……と悪い人々のことを教える必要があるのだと思う。
　そこで、紙芝居は人を信じあえることのうれしさを、人間のやさしさ、強さを伝えるものを中心に描いていきたいと思っている。

4章 図書館づくり運動から生まれた紙芝居

＝＝ Wanted !　としょかんどろぼう＝＝

町のあちこちに　貼られて
いる　ポスター
「あんた　みた？」
「みた　みた」
「うちのとしょかんが
どろぼうされたんだって
一夜のうちに　根こそぎ
ごっそりとだよ」

「だれのしわざだろう？」
「としょかんを　どろぼうするくらいだから
　本好きなんだろうね」
「私たちと同じ　読書家なんだね」
「いやぁ　映画好きだ」「音楽好きさ」
「もちろん人間好きよ」
「思い余って　かっぱらったんだね」
「だけどさぁ　困るよなー　気持ちはわかるけどさぁ」

4.1 『としょかんどろぼう』ができたいきさつ

(1) 文庫

　紙芝居『としょかんどろぼう』を描いたのは1982年，これはかあちゃんたちの図書館づくり運動の中から生まれた「いわくつき」の作品です。これを描くに至るまでのもろもろのことをお伝えしながら，その「いわく」までたどりつけたら幸い，ということでスタートしましょう。

　その頃，私は東北の大都市・仙台に隣接する小都市（現在は合併して仙台市）で自宅を開放して子ども文庫を主宰していました。ニュータウンと称するところなので，子どもが1日に100人以上もやってくる大繁盛文庫でした。そこで本の貸出，読み聞かせ，紙芝居，人形劇，ペープサート，手づくり遊びにキャンプなど，楽しいことばかりして，子どもたちやそのかあちゃんたちを巻き込んで遊びまわっていました。

　公共図書館まではるかに遠く，文化果つる所，街路灯の明るさだけがやけに目立つこの町，仕事の都合で司書資格をもっていたし，日々私のわずかばかりの絵本の蔵書に群がる

子どもたちを見ていたら，"よし，図書館，私がやってやろうじゃないの"と文庫を開いてしまいました。そして，近くの仲間たちのつくる文庫連絡会に入会，そこから図書館づくり運動にのめりこむこととなります。

(2) 文庫と図書

　文庫のかあちゃんたちが何ゆえ図書館？　と思われるかもしれませんが，文庫に来る子どもたちは小学生まで，その後その子たちがせっかく身についた読書習慣を持続するためには，充実した公共図書館は必要不可欠の要求だったのです。また，文庫は図書館の代わりはできないことも承知していたからです。

　それに，文庫活動をしているかあちゃんたちは，みんな読書家です。この新しい町に来る前は生活の中に図書館はあたり前の文化施設として存在していたし，外国に長くいた人などには図書館行政の貧しさは信じられないほどでした。

　その頃の図書館は前市庁舎，元村役場を改装した2階建ての古めかしい木造建築で，重たい本が2階までびっしり入っているので歩くたびにきしみ，団体貸出の選書の折は身の細る思いがしました。しかし，これも文庫のかあちゃんたちの熱心な願いからできたものです。図書館にするための床掃除から，はては悪臭の汲取り式トイレの掃除までしたのは，かあちゃんたちです。

　なんとしても，どうしても図書館がほしかったのです。

　かあちゃんたちは要求ばかりしていたわけではありません。司書や職員たちといっしょに図書館まつりなどで盛り上げ，われらの図書館を育てることも熱心にしたのはいうまで

もありません。

(3) 図書館を知る

　かあちゃんたちは図書館についての勉強もよくしました。何人かは「図書館」という字が題名につく本ならほとんど読破したのではないでしょうか。そして，それをもとに伝達学習をしたりして，文庫の会の全員が図書館に詳しくなるよう学び合いました。読書会の1冊目はたしか『市民の図書館』だったはずです。

　映画を見たり，講演会を開いたりもしましたが，一番印象に残るのは，若い司書が的確なアドバイスをしてくれたことです。やはり海のことは漁師に聞くに限ります。

　学べば見えることが多くなり，かあちゃんたちの新図書館建設への夢は次第に具体性をもってきました。そして，ついに自分たちのほしい図書館構想を発表できるようになり，ほしさが最高潮に至ります。

　それに拍車をかけたのが先進図書館の見学会でした。近隣のよい図書館を毎年1，2回バスを貸し切り見て回ったのです。

　「いいなあ，うちの図書館，今は貸出とBMだけだけど，新しい図書館になれば児童サービスも障害者サービスも，リクエスト・サービスなんかも受けられるんだよね」

　「明るいわね，これじゃあ買い物ついでに来たくなるわ」

　「ネェネェ，ここ図書館の三要素ばっちりだよね。働いている人みんないい感じだし，資料もあるし，新しいし」

　私たちは知っている限りのよい図書館の条件を思い出しながら，館内を案内する得意そうな職員の後を追って，心の中

でよだれを流していました。

(4) 犯行動機はみんな十分にあった

　何館目かを見たときです。私たちはすでに相当疲労困憊，先が見えないのだから，日頃から丈夫が取り柄のかあちゃんたちもほとほと参っていました。休息をとっているとき，一人が「あの図書館丸ごとどろぼうしてきたいよね」と言うと，「そうだね」「本当，もうそうしたい」とみんなでうなずき合ったのです。つまり，このときすでに図書館をぬすむという犯行動機は，みんなの心に十分に整っていたのです。

　あとは決行のみ残されていました……。

　ということで，これをそばで聞いていた戯作三昧の紙芝居屋が"もらった！"とすばやくネタをいただいたわけです。

　紙芝居『としょかんどろぼう』は，かくしてみんなの気持ちをエネルギーにして一気に描きあげられました。

　できあがって見せると，「そうよ，そうよ，そのとおり」と拍手喝采，図書館づくりに助っ人が現われたと，とてもよろこんでくれました。

　それから，町の人にも行政の人にも見てもらったのですが，新図書館が開館したのはその８年後，合併問題を追い風にして，紆余曲折の後にようやく開館したのです。新図書館開館の前に約束したとおり，私たちは合計８つの分館（合併後は分室）を獲得，今となってみれば，ほぼ私たちの図書館構想どおりの成果をあげています。そしてもちろん，新図書館はリクエスト・サービスはもとより，各種サービスを行う，あたり前の公共図書館として機能しているのです。

　さて，私はそれより紙芝居をもって，そこかしこに出かけ，

図書館づくりのきっかけづくりをしています。

あるときは図書館づくり運動に燃えるお母さんグループや教師の集まり，またあるときは町内会と議員さんの集まり，みんな「紙芝居」という言葉につられてやってくるといいます。これで図書館が建ったところが何か所などとはいいませんが，紙芝居力はたいしたものじゃありませんか！

●**作品紹介** としょかんどろぼう（20枚）
作：ときわひろみ
あらすじ：

どろぼうの3人組がおりました。稼ぎがへってかしらに叱られ，町に出た子分たちが発見したのは，大繁盛の総合娯楽スーパーと思しき店（実は図書館）。かしらは店を丸ごと盗む大計画を立て，町中の風呂しきを集めます。

そして翌朝，山のふもとの畑の中にでんとそびえるその建物（移送方法等，企業秘密）。

さて，図書館の出現に村の人たちが大勢つめかけます。こちらは商店，あちらは図書館の思惑が入り乱れるのですが，結局どろぼうさんたちは図書館員として働く破目になります。

かしらは児童サービスまでしてしまうのです。……やがて彼らの心に生まれる不思議な感動。「図書館っていいもんなんだなあ」ポツリといったかしらの言葉。人としてめざめるきっかけを図書館がつくった，という笑いと涙の15分（その全貌はp.131～145をご覧ください）。

4.2 「あのどろぼうさんたち,どうしてるの?」――いつでも,だれでも,あそこでも

「『としょかんどろぼう』を見た人たちから,その後の彼らの行く末が案じられる,今頃どこでどうしているのか,との便りが届きましたので,お伝えしましょう。としょかんどろぼう,後日譚」……ということで描いたのが『続 としょかんどろぼう』(1988年)です。

さて,彼らの住まいはいずこか,といいますと,町より離れたとある刑務所。罪を償うおつとめの場所……今度は刑務所の図書館の話です。

いつでも,どこでも,だれにでも,という公共図書館の理念,学習権,知る権利があるという日本国憲法に照らし合わせてみても至極当然,想定内の創作行為です。

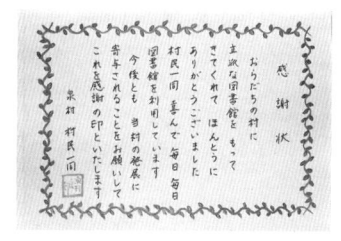

4章 図書館づくり運動から生まれた紙芝居………127

そのとき，刑務所図書館を本で調べたり，その道の人にも取材してみましたが，描いた当時は本当に貧しかった（外国はよかった）。それゆえ描きやすかったともいえます。今頃はすごくよい方向に変化しているだろう，と期待はしていますがどうでしょうか。

4.3 「ソノホンワ，ココニワ，アリマセン，ピー」——『ロボット図書館の落日』今度描く予定の紙芝居の話

パソコンだの何だの，わけのわからない機械が図書館に入ってきて，けっこうなことですが，利用者はどんどん不安になってきています。

「日付のゴム印を押していた頃がなつかしい。手渡す本にぬくもりがあってよかったねぇ」
「んだねぇ」
現役を引退した生粋の図書館人と，この間こんな話をしました。昔はカウンターで人と人とのあたたかいやりとりがあったという懐旧談です。
「まるで病院に行って，次はどんな検査をやるんだべかって恐怖にふるえる感じに，これからはなるんだべな」
「んだ，これからは，なんでもロボットがやるんだべよ」
ロボット「ヘンキャクビヲ，マモッテクダサイ。ミッカオクレデスカラ，ポイントマイナス3デス。ピー」
　マイナスポイントがたまると，
ロボット「アナタワ，ポイントガマイナス30ニナリマシタノデ，ムコウ30ニチ，カリラレマセン。ピー」

利用者「この題名の本ありますか？」
ロボット「ソノホンワ，ココニワ，アリマセン」
「あれ，これ私，先週カウンターできれいな人間のお姉さんからいわれたよ！」
　ロボットになると，リクエストのとき困るよね。
——あのう，この間，2，3か月前に出たと思うんだけど，あれ，ほれ，なんとか三郎という人の書いた……えー……
　なんて戸惑っていると，今なら図書館員がいろいろな言葉を使って，さまざまな角度からいいたいことを引き出してくれるよね。でもロボットなら，
ロボット「ケンサクフノウ，モウイチドシラベナオシテ，オイデクダサイ」
「だよね，高齢者になるとますます図書館から足が遠のくね。それから，手づくり紙芝居の資料の相談にいったおばちゃんが，ロボットの応対が悪いからキレちゃってさ。"ちょっとあんた，『図書館の五原則』ってあるでしょ，ロボットだからあんたそれくらい知ってるでしょ。あの中にすみやかに資料を探してくれるってのなかったかしら"なんていうとね」
ロボット「オコタエシマス。5ゲンソクワアリマセン。ワレワレワ，ロボットトショカンホウニ，モトヅク，シリョウテイキョウヲオコナイマス，ピー」……

　もうこれ以上のネタばらしはやめましょう。しかし変わりゆく図書館，やはり目が離せません（私としては，紙芝居ネタになって反面うれしいけれど）。
　図書館は人が生きていくために必要なもの，サービスとは

人間が人間の心をもって人間にするのが本当です。だから，肝心なところは人間がすべきです。といっても，もう人間でロボット化して，冷たいまなざしの人もいるようだし，制度もいろいろと変えたりしているようだけれど，「駄目だよ，図書館が昔からもつ"図書館のこころ"を奪い取るような変化は」といいたいのです。

　図書館は一部インテリのためにだけあるのではありません。八っつぁん，熊さんが行きたくなるところです。人間みんなが気兼ねなく行くところ，行けなけりゃ来てもらうところです。

　「だから，利用者はそんなことにはまけてはいられないね」ということで，図書館づくり運動は図書館ができてからも続けなければいけません。次世代に伝えていかなければならない民主主義を護るための活動なのです。

としょかんどろぼう

脚本・画　ときわひろみ

①

どろぼうの三人組がおりました
　（どの人が　かしらだと思いますか……と観客に
　　聞いてください
　　実は　向かって一番ひだりがかしらです
　　人はみかけによらぬもの　意外ですよね　等々アドリブで
　　観客と掛け合いしてください）
　　　　　　　　（ぬ　　　　　く）

②

かしら「どうした　先月からばかに稼ぎがおちたなぁ
　　　　おまえ達のうで　サビついてしまったんでねぇか」

泥棒A「かしら　そんなことはないんでがす
　　　　町のはずれに　えらく腕のいい鍵屋が
　　　　店をだしたもんで……」
泥棒B「んだ　どの家もかっちり鍵がかかって
　　　　入りにくいんでがす」
かしら「どうにもこうにも　も少し気張って働かねぇと
　　　　このままじゃオマンマの食い上げだぞ
　　　　いいか　わかったか」
泥棒A「へぇ」
泥棒B「へぇ」
　　　　　　　　　　（ぬ　　　　　く）
③

泥棒B「金になるめぼしいものはありませんか」　　　（大声で）
泥棒A「ばか　どろぼうとわかっちまうではないか」
泥棒B「そんなら　エー　お金がうなってうるさい金庫を
　　　　ごぞんじのかた　最寄の警察署にお届け下さい」
泥棒A「ばかめ　なにをいうんだ　まったくいやになるよ
　　　　えー　人がたくさん入って繁盛しているお店は
　　　　ございませんか　売れて売れてしょうがないお店は
　　　　ございませんか」
泥棒B「あにき」
　　　　　　　　　（ぬきながら）

泥棒A「うん」
泥棒B「あれだ」

④

泥棒A「んだ　これだ　たいした繁盛だ　　　　（よろこんで）
　　　何屋かな？　おめぇ漢字よめるんだろ？
　　　何屋と書いてある？」
泥棒B「兄貴　人ごみで何だかよくわからねぇけど
　　　本みたいなものが　いっぱいありやすぜ
　　　あやや　店のなかには子どもが　おおぜい
　　　買いにきていやすぜ
　　　おもちゃ売ってんのかなぁ……
　　　よく売れるこたぁ……　　　　　　　　　　（感心して）
　　　あれぇ　本を何冊もかかえて出て来やした
　　　しかし　兄貴　みんなうれしそうな面をして
　　　いやすぜ　じいちゃんもばあちゃんも
　　　ニコニコ笑っていやすぜ」
泥棒A「はんじょうしている証拠だ」
泥棒B「んだ　いいもん売っている証拠だ」
　　　　　　　（ぬ　　　　　　く）

4章　図書館づくり運動から生まれた紙芝居………133

⑤

泥棒A「かしら　これこれしかじか
　　　　あんなにはんじょうしている店
　　　　おれ達　はじめてでがす」
かしら「そうかそうか　それはでかした　　　（うれしそうに）
　　　　めぼしいものは　おおかた本だな
　　　　本屋かな」
泥棒B「本だけじゃないんでがす
　　　　シーデー（CD）に映画のフィルム
　　　　子どもがいっぱい遊んでいたから
　　　　おもちゃもあるかもしれねぇでがす」
かしら「うんうん　総合娯楽スーパーつうもんかな」
泥棒B「兄貴　客がみんな楽しそうな面してるのは
　　　　どうしてなんだべね　中に　もっとスゲエ
　　　　お宝があるにちがいないっすよ」　　　（わくわくして）
　　　　　　　　　　　　　（間）
かしら「……よしっ決めた！　その店かっぱらっちまおう
　　　　　　　　　　　　　　　　　　　　　　（はりきって）
　　　　おめぇ等　明日の晩までに　町中のふろしき
　　　　盗めるだけ盗んで来いっ」
泥棒A「へえっ？」
泥棒B「ふ・ろ・し・き？」

⑥　　　　　（ぬ　　　く）

どろぼう三人　おおいそがし
その日のうちに　町中の家のふろしき
どこかに　みんな　出はっていったと
みんな
うまく盗めたものだぞ　ホイ
　　　　　　　　　（ぬきながら）
さて　その夜

⑦

かしら「おい　おめぇ等」
泥棒Ａ「かしら　どこでがす」
泥棒Ｂ「かしら　かしら」
かしら「ここだ　ここだ　おれが手早く　でっかいふろしき

　　　　　　パッチワークしといたからな」
泥棒Ａ「ほう　かしらは小学校の家庭科のせいせき
　　　　よかったんでがすな」
かしら「うるせぇやい　いいか
　　　　あの店を　まるごと盗むんだ」
泥棒Ｂ「ええっ　まるごと?!」　　　　　　　　（仰天して）
泥棒Ａ「あんなでっかいのをでがんすか」　　　（たまげて）
かしら「んだ　だから　こんなにでっかいふろしき
　　　　作ったんだ　んでは　仕事にかかるべぇ
　　　　いいか　おめぇは　東のほう
　　　　おめぇは　南のほうさ
　　　　おれは　北と西にひっぱるからな
　　　　　　　　　（ぬきながら）
　　　　力をだして　エーイ」

⑧

泥棒ＡＢ「ホーイ」
かしら「とっとっとっとっ」

何してるんだべ　とお月様も
ひかりを強めて　見てござった

かしら「さぁて　建物の上にかぶさったぞ

ぎゅんとしばってな
　　　お山のむこうに　かくすべし」
　　　　　　　　　（ぬ　　　く）
⑨

さて　つぎの朝のこと
山のふもとの　畑のなかに
立派な建物　建っていましたと
どうやってきたかって？
そったら企業秘密　教えられねぇべよ
　　　　　　　　（のんびりとぬく）
⑩

村人１「ごんぞう　なんだか　向いの山んとこに
　　　　りっぱな　どでっかいビルジングが建ったってよ」
村人２「んだ　図書館だってよ
　　　　おらいの息子行って見たら　入り口に

　　　　　トショカンって書いてあったと」
村人１「ふうん　何するところか　いってみっぺ」
村人２「あれぇ　図書館つうとこは本貸すとこだ」
村人３「本貸すのか　なぁんだ本かぁ」
村人４「んにゃ　のぞいてみたら　将棋盤も碁盤も
　　　　置いてあったと　映画みるとこも
　　　　レコード聴くとこもあるんだと」
村人１「へえぇ　ちかごろの図書館
　　　　そんなに面白れぇとこか……
　　　　ほんじゃぁ　いってみっぺ」
　　　　　　　　（ぬ　　　　　く）

⑪

村人１「とんとん　ごめんなんしょ」
村人２「とんとん　ごめんなんしょ」
泥棒Ａ「おい　人が来たぞ　めっかったのかなぁ」
泥棒Ｂ「かしら　どうしやす」
かしら「すかたなかんべ　戸あけて店のもの
　　　　ちょこっと　売ってやればいかんべ
　　　　ここで店ひらいて　少し現金収入稼いで
　　　　逃走資金にすっぺ」
泥棒Ａ「オーイ　中さ入れや」
　　　　　　　　（ぬ　　　　　く）

⑫

泥棒B「サァ　いらっしゃい　いらっしゃい
　　　どんぞ　いらっしゃいませ」
泥棒A「お客さん　何を　さしあげましょ」
村人2「なんだ　おんちゃん　ここ図書館だべよ
　　　したら　本貸してけらい」
泥棒B「へぇへぇ　どんぞ　ごゆっくり見てけさい」
泥棒A「オイ　なんだか変だぞ　貸してケライといったぞ」
泥棒B「と・しょ・かん　っていったぞ」
　　　　　　　（ぬ　　　　く）

⑬

村人2「おれ　これとこれ　おねがいしやす」
泥棒B「銭　払ってもらわねぇと」　　　　　　（おずおずと）
村人2「ここ　図書館だべ？

4章　図書館づくり運動から生まれた紙芝居

　　　　　　銭はいらねぇんだぞ」　　　　　　　　（確信をもって）
泥棒B「へぇ　そしたらどんぞ
　　　　どうもおかしいな」　　　　　　　　　　　（自信なく）
村の男「あ　すみません　ヘラブナ釣りの本ありますか」
男の子「機関車の本どこにあるの」
村の女「すみません　料理の本どこでしょうか」
若い女「あのう　ダイエットの本は……」
　　　　　　　　　（ぬ　　　　　く）

⑭

泥棒B「かしら　あんなことにも　おれ達
　　　　こたえなくちゃ　いけないんでがすか」
かしら「うん　商売だからな　1にサービス
　　　　2にサービス　真心こめてサービスだ」
泥棒A「んでも　なかなか答えられねえな
　　　　それはそうと　おかしら
　　　　みんな　タダで借りていきやしたぜ」
かしら「ええっ」
泥棒A「それもサービスでがすか」
かしら「うんうん　そりゃあ宣伝宣伝
　　　　今はなんでもコマーシャルの時代だ
　　　　"あそこに良いお店ができたわ"って
　　　　そこいら中から　お客が集まるぞ

ウシシ　二,三日で
じぇんこ（銭んこ）　ザックザックだ」
　　　　　　　　（ぬ　　　　　く）

⑮

かしらのいうとおり
みて　みて　村じゅうどころか
となりの村から　山の中から　むこうの山からも
たくさんの人が　図書館に本を借りにきました
遊びにもきました
中学生のあんちゃん達が　カードのつけかたを
どろぼうの図書館員たちに教えてくれました
一日中　三人のどろぼうは　まじめな図書館員でした
　　　　　　　　（ぬ　　　　　く）

⑯

夜になったとき
三人のどろぼうさん　くーたくた

一銭の銭のもうけもなかったけれど
村の人達から　お祝いにって
餅に握り飯　いもの煮っころがしにおこうこ
ああ　酒っこもあったな　そのほかなにやかや
たくさんたくさん　もらって
三人ともおなかいっぱい　いいきもち……
泥棒Ｂ「おかしら　なんだか働いたなぁ
　　　　っていう気分でがすな」
かしら「うん　うん」
泥棒Ａ「おれもさっぱりした　銭も儲けないで
　　　　スカァッとした気分　がきの時以来だな」
泥棒Ｂ「ばあちゃんにアリガトウって礼いわれた」
泥棒Ａ「おれも　きれいな姉ちゃんから
　　　　"いいもん造ってくれてアリガタイワ"（ちょっと声色）
　　　　って礼をいわれた」
泥棒Ｂ「本っていいもんなんだなぁ」
かしら「んだなぁ」　　　　　　　　　　　　（しみじみと）
　　　　　　　　　　　（ぬ　　　　く）

⑰

その次の日　やっぱり図書館は　こみあいました
おじいさん達は　ひなたぼっこをしながら
将棋をパチリ　パチリ

子ども達は本を読んだり　紙芝居を観たり
おもちゃで　あそんだりしていました
おばあさんやおかあさんは　ベンチに腰かけて
おしゃべりをしていました
人の話し声が　眠たくなりそうな
やさしい音楽にきこえました
「なんともなく」と
どろぼうの図書館長は　いいました
かしら「なんともなくいいもんだ
　　　　みんながシアワセだと　良い気持ちだなぁ
　　　　としょかんって　いいもんなんだなぁ」
　　　　　　　　（ぬきながら）
⑱

その時　ちいさなかわいい声

女の子「としょかんのおじちゃん
　　　　きのうのほん　おもしろかった
　　　　なんかいも　よんだよ
　　　　いっかいよか（一回より）
　　　　もっともっと　よんだよ
　　　　おじちゃん　またよんでぇ」
ちいさな　ふっくらほっぺの女の子
かしら「ああ　いいよ」

かしらは　一番やさしい声でいいました
　　　　　　　　　　　　　（ぬ　　　　く）
⑲

かしらは　絵本を読み始めました
かしら「とびらのむこうで　とんとんとん　　　（とつとつと）
　　　　とんとんたたくの　だれでしょう
　　　　風の子ども……」
女の子「おじちゃん　おひざあったかいね
　　　　おじちゃんのおひげ　くしゅぐったいね
　　　　おじちゃん　もう一回」
かしら「うん　うん
　　　　"とびらのむこうで　とんとんとん　　（音調を変えて）
　　　　とんとん…"おやおや　眠っちまったよ」
それでも　かしらは　よみつづけました
　　　　　　　　　　　　　（間）
すると……かしらの心の中から
熱い　泣きたくなるようなやさしさが
だんだん　あふれてきました
かしらは　眠っている女の子の　薄紅色のほっぺに
自分の涙が　かからないように　天井を見上げ
大きな声で泣かないように
口をぎっちりむすんでおりました
　　　　　　　　（静かにゆっくりとぬく）

⑳

次の日　村の人が図書館の入り口に　大勢集まって
貼ってある一枚の紙っぴらを
不思議そうに見ていました
『むらのみなさま　ありがとう　　　　　　　（画面を見て）
としょかんさま　ありがとう
いいことたくさん　ありがとう
わしたち　ま人間になります
　　　拇印　拇印　拇印　　　』

　　　　　　　　　　　　　　　　　　　　　おしまい

5章 これからの紙芝居

5.1 大人のための紙芝居

(1) エスプリのきいた紙芝居

　時々，大人だけの会で紙芝居を演じる機会があります。紙芝居というと，他の催し物より人の集まりがよいということで，老人大学や社会学級，市民自主サークルなどからのお呼びが多くなります。大都会に住む仲間たちは「紙芝居パーティ」やら「お酒と音楽と紙芝居の夕べ」なんていうしゃれた集まりに出演しているというから，大人たちの間に今までとは違う大人用の紙芝居が浸透してきた証拠なのかもしれません。

　以前はこういう会では"昔，自転車をひいてやってきたあの風情で，街頭紙芝居を見たい"というのがはやっていましたが，やっと時代は進み，紙芝居への認識が民俗学的見地から芸術文化的見地の発想へと変わったようなのです。

　ということで，需要があるから，大人のための紙芝居づくりは大人気です。分野もいろいろで，講座に出かけるたびに新分野のおもしろい作品に出会います。つまり，今までのように図書館に行って，子ども用の印刷紙芝居の中から大人にも合いそうなものを探してきたのとは違う，大人が自分の目

の高さで見た大人社会を描くというわけです。まさに，紙芝居というメディアで自己表現，というのが定着してきた証なのでしょう。

いろいろな分野ということで内容は自由ですが，中には羽目をはずす人たちもちらほらいます。まあ，大方から「見てよかった」「ああ，おもしろかった」という声が上がるのがよいのではないかと思うのですが……いかがでしょうか？

さて，次に紹介するのは，甘い香水のかおりが漂ってくるような，エスプリのきいた作品，題材はもちろん，「ラブ」。

●**作品紹介** ずっと愛して
演・作：谷山泰史　画：涌島三恵

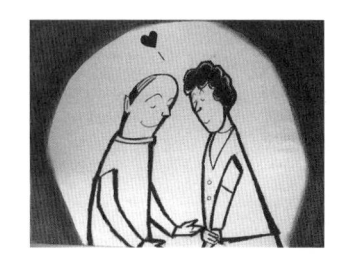

あらすじ：

「時間や栄養の貯蓄」という新商品を常に開発している"心のふれあい銀行"がありました。次なる新商品は「愛」の貯蓄。情熱的な若いときの余分な「愛」を貯めておいて，中年で倦怠期を迎えたときに少しずつ引き出して使う，というものです。恋に溺れた受験生は勉強に集中，若者のベタベタした愛情表現は影を潜め，あまった愛は銀行へ。みんな平均的に愛し合う世界が誕生しました。でもみなさ

ん！　愛って本当にあまったりするのでしょうか？

　これを見たのは 1995 年の箕面紙芝居まつり（大阪）でしたが，その斬新さに驚きました。演者の谷山泰史さんの演じ方も，どこか異国の風情，舞台の横に立つ黒一色の衣装もダンディでした。まさに不思議の国への水先案内人，ポーカーフェイスのすました声音は，耳に今も残っています（谷山さんは 2007 年に永眠されました）。

●**作品紹介**　ふしぎなおみせ
　作：ときわひろみ
　あらすじ：
　　泪橋のたもとに「サムディ」という名前の不思議なお店がありました。なぜ不思議かと申しますと，このお店，心の悩みをもった人の，それもよい心の人の目にしか見えないというのです。冬のある晩，一人の男（現役教師）がここを通りかかり，なんと入っていくのです。現われたのはここの女主人，マダム・パタフライ。悩みを語る男にマダムが売りつけた「心の悩み解決グッズ」とは？　どんな力があるのでしょうか……

(2)　笑って笑って紙芝居

　笑うことは健康によい，病気に効くということは，このところ誰もが認める事実となっています。笑ったら痛みがやわらいだとか，血糖値が下がったとか，免疫細胞（ナチュラルキラー細胞）が増えるからがんに効く等々，科学音痴のものですら興味津々，とにかくうれしいニュースです。だから，紙芝居でも「笑い」ということではありませんが，副作用の

まったくないこの療法（？），なにやらつくる方にも力が入ってくるのです。

　ところで，この話以前に，紙芝居界ではいつも笑いを追求してきました。落語や昔話の紙芝居化はもとより，どんな話にも笑いを隠し味のように練り込み，ほっとする瞬間をねらいました。でも，笑いはむずかしいものです。

　笑いの中でも，憧れはなんといっても大爆笑ですが，そのあたりが豊富にあるスカトロジー（いわゆる下ネタ）関係は，老人介護のページにゆずるとして，ここでは演者の個性と作品の合体した，底抜けに明るい関西系作品を二つ披露しましょう。

●**作品紹介**　午前1時の臨時集会
　作・演：三本章代（みもと　ふみよ　ピーマンみもと）
　あらすじ：
　　時は真夜中午前1時，静まり返った台所で，冷蔵庫に住む食品たちの臨時集会が開かれていました。それは，有効期限をはるかに越えた冷蔵庫脱臭剤の悪臭をどうするかという対策会議。
　河内弁での丁々発止のしゃべくりに，時に女性たちは身につまされて大笑い。

●**作品紹介**　愛犬タロウ物語
　作・演：鈴木富夫（とどすずき）
　あらすじ：（紙芝居としては珍しいオムニバス方式）
　　そうゆうたらワイとこにはお母ちゃんがおるけど父ちゃんがおれへんな，なあ母ちゃんワイの父ちゃんっていった

い……「父ちゃん誰や？　の巻」

　散歩いきたいな〜　誰か連れてってくれへんかな〜……
「タロウの散歩に行きたいな〜　の巻」ほか3巻

なにしろおもしろい，彼の演じ方があほらしくてばかばかしくていいのです。子どもから大人までも超メガ級の笑いに誘います。彼のキャッチコピーは，超お気楽・脳天気紙芝居屋，です。

(3) シュールな紙芝居

　紙芝居は，わかりやすいのがこれまでの建前でした。しかし，理解の尺度が時代とともに変化しているのが伝わる紙芝居が出現してきました。次に紹介するのは，比較的わかりやすいのと，劇画世代，学生たちにはよくわかる作品です。

●**作品紹介**　おれはでんしんばしら
　作・画：佐藤まもる
　あらすじ：

　3丁目の電信柱は，日本一のいばり屋で，太陽や雷小僧，雪女たちに文句のいい放題，ひとりで気勢を上げています。しかし，現実は犬のマーキングの格好の場所，芯は寂しく

気の弱い彼に，ある日大雨が降りしきり，あえなく停電，とそこへ意外な（？）助っ人が登場する……なにやら世相を笑うストーリー。

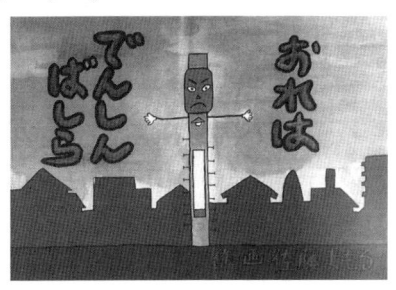

●**作品紹介** はるかなる脳
作・画：山田俊彦

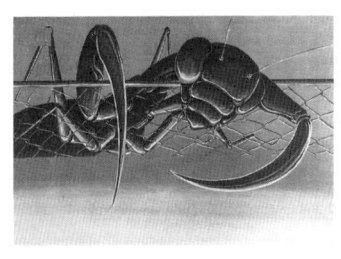

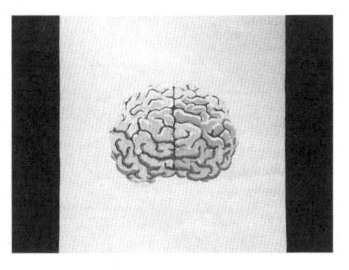

あらすじ：

　満員電車の中，一つだけ空いた席に座った僕は，アミ棚の上にいた金属製のオオカマキリに脳をサクリとすくいとられます。

　佐々木君は「そんなことありえない」というのですが，僕の脳はオオカマキリの家で薬品の入ったビンに浮かんでいます……「そこにあるじゃないか」佐々木君が頭をつつこうと手を伸ばします。すると，彼の手は僕を越えてはるかに伸び，山を越え，ビンの中へ。「僕もなんだか頭の存在が不安だ」と佐々木君がつぶやきます。「オオカマキリの奴，今度は彼が標的だな」と僕はビンの中で思います。

●**作品紹介**　蚊男
　作：ときわひろみ

あらすじ:「わい　やぶ蚊のかんちゃん　プーン
　武者修行してるんや
　ああ　ほんま腹へった　血がほしいなー　ちー」
と人間に化けた蚊男が村にやってきた。
　そこにいたのは縮緬皺のばあ様一人,針を刺そうにも刺されへん。その時「ばあさんいるかーい」とやってきたのは脂もしたたるいい男。かんちゃん早速,プーンと一刺ししたものの,この男,腹黒の上成人病の伏魔殿やったんや。そこで血にあたって三日三晩寝込む破目。
　数日後よれよれになって町にいくとなんと「町内角力大会」の看板。「スモウといえばぷりぷりの男が裸になってする格闘技や」と俄か色めき立ち現状も省みずかんちゃん参加の意思表示。「構えて,ハイ見合って,はっきよーい」と始まる巨体ぶたの川との珍妙なる闘いが,五場面にて激しく展開される。
　「針が,針が跳ね返る,刺されへん,ヨイショ　ヨイショ　プスリ!」と奮闘の結果旨くはいきましたものの……。
　ところで蚊のオス,人間の血吸いまへんのや,このこと知ってはりました?　ということで常識を超えた逸品?　狂言「蚊相撲」をヒントに怪しい大阪弁で描いた作品。

●**作品紹介**　えんまさんのびょうき
作:ときわひろみ
あらすじ:
　三方の尾根がぶつかるところ,こ暗い谷間の底に,この世と地獄をつなぐ縦貫道路の入り口がありました。
　お盆の三日は蓋が開きますものの,ふだんはぴたっと閉

じたまんま。がしかし，今夜は緊急事態の発生か……カタッと出てきたのは鬼三匹。という具合に幕開けは講談調に始まる奇怪な物語。

　病のえんま大王に精をつけるため，シャバから旨いものを調達してくる特命を担って現れた彼ら。折りよくけたたましくやって来た暴走族三人に乗り移り，夜の街へとくりだしますが，そこに現れた悪いおじさんから恐喝される破目に。しかし，地獄の鬼だもの，お金の製造は朝飯前と大量生産。すっかり気をよくしたおじさんは，レストランを借り切り，食べ放題の大判ぶるまい。やがて夜が白む頃，特命を思い出した彼らは，大慌てで目的の物の調達にかかりますがすべて売り切れ，残るものはウィンドウに並ぶサンプルだけ……

　さてその後鬼たちがどうなったか，目覚めた暴走族がどうなったかは，また来週のお楽しみ。これは，田舎の暴走族と手づくり紙芝居教室で出会ったとき，彼らを想いながら作った作品。バイクなど描くときやセリフは感度良好な彼らのお知恵を拝借したのはもちろんのこと。

> チョット
> ひとやすみ

コラム
B級紙芝居ってなんや?

　「B級紙芝居の会」というけったいな名前の手づくり紙芝居の会が関西にある。
　B級と聞くと,戦争を知っている世代ならまず一番に「極東国際軍事裁判」を思うだろうし,BがあるのならA級の紙芝居ってどんなもんや,なんて思うが,戦争を知らない世代が単純な思いでつけただけとのことだ。
　設立2004年,代表はピーマンみもと氏。
　目的は,気楽に見られ,笑いのセンスに満ちた紙芝居,見終わった後,楽しい気持ちになれる作品の製作と実演。ストーリーもののほか,クイズ,言葉遊びなどの参加型や,観客と一体になって楽しむ紙芝居の追究をすることである。
　会員構成は,介護士,公務員,教員,劇団員,漫画家,ミュージシャンなどなど。
　これから吉本と並ぶ大阪名物をめざしているそうだから,楽しみにしていよう。

5.2 老人介護と紙芝居

(1) 老人と読書の現状,そして図書館

　「あっという間に年はとるものである」というのが暦年齢で,近々「ヤングオールド」の仲間入りをする私の偽らざる心境です。老齢になりたての人たちはたぶんみんなそう思って,焦燥感やら戸惑いやら,果ては偽装諦観の心理状態にあるのではないかと思います。

でも，この年になってはっきりわかったことがあります。心だけはいまだに若いということです。相変わらず好奇心旺盛，夢想癖，未来への期待感，という具合で，外は散っても中は五分咲き，といったところです。
　若い人にはそんなことはわからないでしょう。外はエイジング，中身はヤングエイジなのです！
　ところで，この年齢になるとやたらいわれているのが，老いの手習いの勧めです。生きがいがないとみんな呆けるというのです。しかし，呆けのほうは通説の間違いで，呆けは病気だそうです。
　手習いはしたほうがよいでしょう。ボーっとテレビ三昧の暮らしは困ります。つまらない。そこで，みんなはどうしているのだろうかと見回してみます。
　私の友人たち，女性たちは文庫活動や図書館運動の仲間たちだから，その当時から培った読書欲をそのまま持続して図書館に出かけ，本を読んでいます。生きがいは読書です。
　何を読んでいるのかと，時々ちらりながめると，相変わらずほとんど児童書，数冊の大人の本，中には絵本を抱えている人もいます。そして，図書館の催し物，講座等には積極的に参加しています。つまり，図書館をおもしろがる気質が身についています。
　私たちは図書館で出会うと，本を抱えたまま，必ず少なくとも小一時間は井戸端会議をします。ここは自分たちが要望してできた図書館だから，時がたっても図書館に流れている風の状態までよくわかる，安心できる場所なのです。読んだ本の感想など言い合い，「あの頃はねえ……今はねえ……」などと少し悪口なんかも言ったりして，それから「またここ

でね」ということになります。私たちが行くところは，図書館しかないのですから。

　さて，男性たちはどうでしょうか？

　この頃急に増えてきた「新図書館族」の中でも，「ベビーブーマー」は，明るい色のしゃれたシャツ，スニーカーがまぶしく，まるでスポーツジムの雰囲気です。ほとんどが新聞か雑誌を読んでいます。「オールド・オールド」は「うたたね族」が多いようです。

　友人に聞いたら，「パチンコに行くより女房がいい顔するしね。市内のいろんな図書館に行くんだよ。午前中は遠く，午後は近場，そして帰りは携帯のメールの指示どおりスーパーで買い物。奥さん？　お仕事よ」とのこと。「本は借りないの？」と聞くと，「読書は好きだけど，何を借りたらいいかわかんないからね。だけどさあ，図書館って本が多いね」……まさに，図書館という大海原でいかだに乗った男が漂流している……どうする図書館?!

　以前，図書館友の会を立ち上げようと，大人向けの自主講座を二つ行ったことがありました。一つは「変体仮名を学ぼう」，もう一つは「宮澤賢治の世界」です。参加者の多かったのは，なんと変体仮名，高齢の男性が大勢来ました。中には大学を退官したばかりの，たしか動物のクローンをつくる研究をしていたという人がいて，アンケートの参加理由に「私のまったく知らない世界を勉強したかった」と記してあったのが印象に残りました。

　知らない世界を知る，その機会を私もほしい！　おもしろい講座を図書館で開いてくれないかな……都会の図書館の話を聞いて指をくわえているこの頃です。

さて，私はこの数年，近くの町のセンターで月1回「シニアのためのおはなし会」のボランティア講師を，仲間たちと一緒にしています。これは町内のNPO法人が開く「認知症予防のための活動」の一環で，会員は平均78歳くらいの男女，夫婦参加の人たちもいます。人数は30名で，プログラムは，言葉の体操（舌もじり，詩・シナリオを読み合うなど），素話，紙芝居，歌，軽体操，ほかに会員の3分間スピーチ，などです。耳が聞こえない人がいるので，みんな大声です。

　私の係は言葉の体操と紙芝居，そして本の貸出です。本の貸出には力を入れています。

　家の文庫の本棚から，介護，健康，小説，エッセイ，ノンフィクション，絵本などを選んで，30冊くらい運んでいって並べます。貸出率はけっこう高いです。

　「これはどんな本？」と聞かれると，ただちに内容のさわりや，作者の人となり，他の作品などを紹介する作戦が当たって，みんな借りていくのです。だから，日野原重明，瀬戸内寂聴を筆頭に，柳澤桂子などもむずかしいけれど借りていきます。「柳澤桂子さんの本に感動して，何度も読み返しました」なんて感想を述べる人がいると，"待ってました"とばかりに，そのまま反復して大声で伝えます。そこで，「それじゃあ私も」ということになります。

　貸出期間は次の回，つまり1か月後，遅れても催促はしません。けれども4，5日すると「死ぬと迷惑かけるから」と，菓子折りをもって自宅まで返しにくる人もいます。

　ここにくる方々は，ほとんど公共図書館を利用していません。というより，無縁に暮らしてきました。読書の習慣もあまり身についていません。この活動もそろそろ軌道に乗った

ようなので，図書館の団体貸出を受けたりして，徐々に本物の図書館に近づけるよう努力はしていますが，本当はこのあたりにも小さな図書館がほしいところなのです。

(2) 手づくり紙芝居の出番だぞ

　このごろ，老人介護には紙芝居，というのが常識となってきました。「うちの一番人気は紙芝居」と，介護スタッフやボランティアの人たちが口々にそのことを証明してくれます。

　それはそうでしょう。昔，街頭紙芝居を熱心に見た子どもたち，文化の中心が紙芝居だったという世代が老人になって，介護の対象になっているのですもの，なつかしさでいっぱいになってしまうに違いありません。

　それより何より，テレビや映画と違って，演者が一人一人に真向かい，話を伝えられる紙芝居の特徴がよいのでしょう。また，さまざまな心の障害に対処できる緩急自在の小回りのきく機能性もよいのでしょう。それはちょうど，幼い子どもの歩みに歩調をあわせる母親の気持ちに似ています。作品の解釈，演じ方は演者の裁量に任せられているのですから，時には突如立ち上がって大声でしゃべり出したり，物語の中に入って話し出す場合も，まなざしでやさしく包み込むという機転がきかせられるというわけです。

　最初は印刷紙芝居を図書館から借りてきて演じていましたが，老人に合う作品が少ない上に，どうも反応が今ひとつ物足りない。ということで，介護関係者の講座参加者が増えてきました。手づくり紙芝居の出番が到来しているのです。

　しかし，どのようなものがよいのでしょう？　描くとなると考え込みます。作品を紹介する前に，近頃話題になってい

る「回想法」が紙芝居でできるという話にふれておきましょう。

(3)「グループ回想法」ってなんだ？

　私が「回想法」なる言葉を初めて知ったのは，今から12，3年前，東京・墨田区立図書館の山内薫さんとの雑談の中でした。アメリカの公共図書館の高齢者サービスに「想起法（回想法）」を使ったものがあるという話で，年代ごとに，その時代に話題になったものや流行したもの，新聞などが入っている「思い出の箱」というものがあり，それを貸し出している，ということでした。それが，今日クローズアップされている認知症予防・緩和の回想法だったのです。

　話を聞いた折には，自分がかかわる紙芝居には結びつかず，アメリカの公共図書館は利用者になんとやさしいサービスをするのだろう，と感動したのでした。ところが，その後すぐ精神病院や老人施設で紙芝居をしながら観客の反応を見ているうちに，紙芝居はものによって回想法に使える，ということがはっきりと感じられ，確信を得ることになりました。

　老人たちはふるさとを描いた紙芝居を見ながら，口々にしゃべり出したのです。

　「なつかしいなあ」心の深いところからの声です。
　「ああ，知ってる，知ってるよ」
　「そうだよ，そのとおり」
　「おらいのそばにも，流れてたよ」
　「うちの元朝参りはいつもここだ」
　中には，「あんた，なして，こいなこと知ってんだ？」と不思議がるおじいさん，私はすまして，「うん，知り合いか

ら聞いたの」と答えました。
　でも，本当は全部「と・し・ょ・か・ん・」！

　さて，「回想法」(reminiscence, life review) は，アメリカの精神科医バトラーによって1965年に提唱された高齢者を対象とする心理療法です。高齢者が回想することにより自らの人生を紡ぎ直し，その意味や価値を考え直していくのを援助する方法で，現在最も広く普及しています。その結果，心の力が発揮され，自然治癒力が高まり，心が落ち着く働きがあるというのです。この方法には，個人とグループの形式があります。
　いろいろと調べてみると，日本各地でさまざまな形をとりながら，回想法への取り組みが行われ，よい結果が出ているようです。図書館では，島根県斐川町立図書館が有名です。
　そこで，紙芝居の話ですが，ここ4，5年ほどの間にかなり具体的な成果がわかってきました。主だったものをあげてみましょう（私見と現場の声です）。
　○グループで見ることによる相乗作用で，感情表現が豊かになるようだ（ともに笑う）。
　○他の人の発言を聞いたりして，回想力・想像力が増すようだ。
　○物語だから集中するようだ（物語力）。
　○グループで見ていると安心感があるようだ。
　以上の成果をあげるために，演者に求められるのは次の点です。
　○脚本をよく読み，演じ方をよく研究しよう。聞こえるように声も工夫しよう。

○観客の反応に対して,適切な受け答えができる知識と器量をもとう。
○紙芝居の描き方にも注意しよう。
　1．脚本——シンプルでわかりやすく,おもしろく
　2．絵——はっきりとシンプルに
ということで,次に紹介するのは回想法にぴったりの紙芝居です。

(4) 思い出すと元気になる紙芝居
① 歌の紙芝居

たいていの施設では,ケアの一環として「歌の時間」を設けています。みんなで歌詞手帳を見ながら毎日歌っていますが,だんだんマンネリになります。これを紙芝居,つまり物語の中でともに歌うのはどうだろうか,という現場からの発想です。案の定,いつもより元気に歌っていただけます。

講座で紹介したら,これはよい,簡単だ,ということで,それぞれの地方の特徴を盛り込んだものがたくさんできています。

●**作品紹介**　歌の散歩道（秋の巻）

作：福寿会（仙台市）

あらすじ：

　秋のある日，老夫婦が話をしている場面から始まります。

（1枚目）

　妻「いやぁ，今日は天気がいいねえ

　　　じいちゃん，散歩にでも行がねすか」

　夫「ああ，いってみっぺ」

（2枚目）

　妻「ワー，紅葉だ，きれいだネ」

　夫「今年は，とくべつ，あざやかだなあ

　　　そうだ，学校で『もみじ』っていうの習ったな」

　妻「うん，習った，習った。輪唱なんかもやったよね

　　　どれ，いっしょに歌ってみっぺ」

　夫「みなさんも，ご一緒にどうぞ

　　　入れ歯，とばさないでけさいね」

（3枚目）

　絵　もみじアップ　「もみじ」斉唱

——ということで，この後「もみじ」をみんなで歌います。物語の2人とともに歌いながら，ゆっくり散歩をするという寸法です。ちなみに，この紙芝居では次の歌がとりあげられています。

　もみじ，赤とんぼ，りんごの歌

　村まつり，青い山脈，隣組

　歌は，老人ができるだけそらんじて歌えるものがよいでしょう。数は6曲くらいとし，テンポの速い歌が続くと疲れるので選曲，順番等をよく考え，物語を設定しましょう。

画面には歌の出だし2行くらいを書きます。

手拍子をとったり，かけ声をかけたりする盆踊りの歌，民謡も喜ばれます。

② ふるさとの昔を伝える紙芝居

戦後60年もとうに過ぎ，道路網の整備などで都会地だけでなく地方の小都市ですら，町の様相はめまぐるしく変化しました。刻一刻と変わる風景に，記憶がついていけない老人，思い出し，心遊ばせているのは，自分が一番元気で活躍した頃，そして何より子どものころのあの場所，ふるさとでのことです。

ふるさとの昔を伝える紙芝居は，とにかく喜ばれます。そこに出てくるのは，いまや廃線となった鉄道の話，活動写真館，銭湯，昔流れていた堀割，祭，市場，旧い町並みなどなど，まさにセピア色の世界です。見ながら物語の中に入り込み，真剣なまなざしで絵を追い続け，言葉の一語一語をかみしめます。終演後もしばし，その頃の話が尽きないのです。

では作品を見てみましょう。

●**作品紹介**　もりのみやこのチンチンでんしゃ　市電くん
原作：鴨原潔子　脚本・補作：仙台の昔を伝える紙芝居作り・上演実行委員会
あらすじ：

　昭和50年まで，仙台の町を朝から晩まで，デンデンゴーゴー，デンデンゴーゴーと走っていた市電の話。大雪の日や戦争中，市電くんはどうしていたのでしょうか？　市電のひとりごとで物語は展開します。

●**作品紹介** うなぎじんつぁまの昔話－四ッ谷用水物語
作：仙台の昔を伝える紙芝居作り・上演実行委員会
あらすじ：

　伊達政宗の時代から昭和まで，仙台の町をくまなく流れ，生活の一部となっていた堀割，四ッ谷用水。用水の春夏秋冬，人とのかかわり合いを，うなぎの一族の目を通してわかりやすい仙台弁で語っていきます。

　こうした作品を描くには，県誌・市誌・町誌をはじめ，郷土資料で事実を知るようにしましょう。例えば市電の紙芝居の場合，車体の仕組み，色，音，路線図，運賃，その時代の風俗，風景などを調べましょう。紙芝居のストーリーに関係ないことも知っておきましょう。紙芝居を見た後のおしゃべりの仲間になれます。

③　生活紙芝居

今の暮らしからは想像もできないくらいの不便な生活をしてきた老人たち，水汲み，薪割り，かまどでのご飯炊き，洗濯機などの電化製品もない時代，貧しいから工夫し，苦労するから助け合った，その時代は愛しいほどになつかしいものです。

車社会になる前，主婦は夕方になると買い物かごをさげて夕餉の食材を求め，商店街に出かけました。家族のためにせっせと台所で働きました。

手ごたえのある時代が去った今，こんな紙芝居が生まれました。

●**作品紹介**　ひきとり屋
作：遠藤政子
あらすじ：

　猫が廃屋の縁側で昼寝をしていると，怪しい音が家の中でしました。のぞいてみると，お釜，火鉢，消しつぼ，洗濯板にたらい，ネンネコにちゃんちゃんこなどの古道具たちが全員集合，昔を懐かしみ，文句と愚痴の言い放題。ところが突然何かが起こり……

　その後，猫が行ってみたら，廃屋は古道具屋に変身，そこには今流に生き抜くみんなの姿——猫は何もなかったようにまた昼寝。

すじよりも出てくるものに興味があるのか，おばあちゃんたちは古道具のあれこれを一談義していました。

●**作品紹介**　たまご　たまご　たまご

作：三瓶圭子

あらすじ：

　このごろ物忘れが激しくなった主婦たま子さん，夕飯は親子丼と決め，お買い物に出かけます。買い物かごに巾着入れてサンダルはいて上機嫌，けれども何を買うのかすっかり忘れ，あれやこれやと思い出し，思い出しては忘れてしまいます。

紙芝居を見る人がイライラするうちハッピーエンドとなるのですが，現役時代を思い出すのか，笑うのは女性だけです。

④　人生紙芝居

　静岡県の宅老所「みんなの家」のつくる「人生紙芝居」はユニークです。通所者（大半が認知症）の一人一人が一番輝いていた時代の物語をつくって紙芝居化し，主人公の誕生日に演じてプレゼントする，というものです。

　つくり始めて2年間で24作を超えるというのですから，月平均1本の勢い，いまだにそれが続いています。20作ほど拝見しましたがおもしろいです。

　おもしろいのはつくり方にもいえます。スタッフが家族やまわりの人，そして図書館へと取材し，主人公の人となりを固め，物語をつくり絵を描きます。下塗りは通所者がするということです。みんなでつくった紙芝居ですから，思い入れが違います。見るときも手渡すときも，心がこもります。ここの紙芝居づくりは，作品をつくるプロセス自体が介護サービスそのもののようです。全国のケア施設から注目を浴びるのもうなずけます。

●**作品紹介** しょいくらべ

あらすじ：

　最愛の亡夫との思い出を綴るラブストーリー。

　ぽた木（シイタケの菌を植え付ける木）を背負子でかつぎ，川に下ろす仕事をしていた主人公を，漁師だった夫がよくてだすけしてくれたそうです。ある日漁を早く終えた夫が，ぽた木を背負い助けてくれるのだが，疲れた夫をきづかい妻が一本でも多くといつもより多く背負うとします。それに気づいた夫が，負けまいと多く背負い，いつか競争のようになり，やがて二人はえびのように背を曲げてしまいますが，夫が「おれの負けだ，おまえの可愛い顔がみえるようにしてくれよ」と降参します。

●**作品紹介** かよえさんとかつおぶし

あらすじ：

　かよえさんは昔かまや（鰹節工場）に勤めていました。西伊豆の田子は，東の鰹節の一大産地。カビつけ製法など特徴を持った製造工程を，主人公のかよえさんがナレーターとなって説明していきます。

(5) 笑って元気になる紙芝居

　誰も好きで老いるわけでもない，病をもつわけでもありません。予想外，予定外のことで驚き，悲しみ，あきらめる，やりきれない気持ちが充満しているホールで，もし紙芝居をやるのなら，笑い，それも理屈ぬきに笑ってしまう，自然発生的な笑いの紙芝居がうってつけです。見れば呵呵大笑，爆笑，子どもならずとも笑い癪が起こるくらいの笑いの紙芝居，あれです。そうです，スカトロジーです。下ネタです。

　まずは，ウンコ，シッコ，オナラです。そんな話は駄目ですという，ひ弱なインテリゲンチャーのために，まずは古典，いにしえの文学から始めましょう。「ちょっと！　紙芝居の話なのになんのためのウンチクよ」なんてのたまわらず，まあお聞きください。

　古典文学の一つ『宇治拾遺物語』『古今著聞集』の中にも，その類のおもしろいものがいくつかあるし，かの江戸中期の蘭学者，平賀源内にいたっては『放屁論』という著書もあるほどのご傾倒ぶりです。そして，古今東西多くの文人，科学者，哲学者が，笑いの種となるこれら下ネタをおもしろがってご研究，かの著名な『笑いについて』（マルセル・パニョル著）の中には，「笑う理由のトップは消化器系と生殖器に関する話」とあるくらいです。

誰もが思い当たること，誰もがひそやかに隠ぺいしていることだから，そこを予想もしない角度から突かれたりしたら思わず笑い出します。特に人の話はおもしろい，これらは本当はみんなの大好きなオハナシなのです。

　印刷紙芝居にも『しりなりべら』『とりのみじっちゃ』『へっこきよめさま』（以上，童心社）と，もう一つ『へっこきよめ』（教育画劇）などがあり，実に長い間演じられているし，私も演じてきています。

　しかし，同じ紙芝居を同じところでそうそう演じられません。新しいものがほしくなります。ということで，私もつくってしまいました。まずは無難に民話から，それからそれから，という具合です。

　ところで，紙芝居におけるスカトロジーの限界は，脚本はもとより絵にもあるので，他の文学作品とは大いに異なるものだと思います。とにもかくにも，これらは見て後味のよい，上品な下ネタであってほしいし，生命讃歌のおおらかさに満ちたものであれば，笑いが生きる力になることは当然のことかもしれません。

　次に，2作品を紹介しましょう。

●**作品紹介**　へったれよめご（宮城の昔話）

あらすじ：

　きたばかりの嫁ごの顔色がすぐれないので，姑かかさんがわけをきいてみると，屁を我慢しているからといいます。「でものはれものところきらわずだ，どんどん，たれてもいいんだよ」その言葉に嫁ごが放つ屁力とは，985ヘクトパスカル，風速50メートルはありましょうか……とものすごい。そして，この屁力ゆえに離縁され，屁力のおかげで宝の嫁ごとして返り咲きます。民話なれど女の生き方を考えさせる，女性史研究の徒必見の紙芝居です。

そして，新世紀になったので次のものもつくってみました。

● **作品紹介**　へったれ嫁ご－新世紀版

内容概略：

　新時代における屁力の活用法などにふれ，真に解放された女性の生き方にもふれています。これも女性史研究の徒必見の紙芝居です。

6章 文化運動としての手づくり紙芝居

箕面紙芝居まつり・手づくり紙芝居
コンクールの起点

(1) おかあちゃんたち,初めての紙芝居に出会う

——「あっ,紙芝居の絵が動いた」「しゃべった」「ほんまや」「こんなん,はじめてや」

1985年,図書館員から紹介された阪本一房という人形つかいが演じる紙芝居を見たとき,文庫やお話会のおかあちゃんたちの間に一斉にどよめきが起こりました。ふだん子どもたちに本の楽しさを伝えようと各地で活躍し,紙芝居だってやっている,子ども文化の推進には大きな力をもっている人たちですが,こんな紙芝居は,こんな演じ方は初めてだったのです。テレビや絵本にない不思議な魅力,動かないはずの絵が動き,演者の気持ちがセリフを通して心にすっと入ってくる,まるで芝居を見ているような臨場感でした。

「子どもたちにも見せてやりたい」と誰もが思ったといいます。やがてそんな気持ちが1989年の大阪「第1回箕面紙芝居まつり」開催につながるのですが,そこに至るまでの5年ほどの道程は,おかあちゃんたちがさらに紙芝居とそれをとりまく文化運動(図書館づくりなど)をよく理解するきっかけにもなったといいます。一つの紙芝居の果たした役割は本当にすごいものです。

さて，それからすっかり紙芝居のとりこになったおかあちゃんたちは，月1回の例会でさまざまな紙芝居に出会い，紙芝居の独自性，特徴を知り，同時に演じ方，つくり方を学んでいきました。また，阪本一房氏の紙芝居講座が各地で開かれ，それに伴い紙芝居のグループが続々と生まれました。このあたり，箕面もその近隣の町にも，紙芝居という豊穣な文化の風が吹きまくっていたのです。

　1988年，箕面市に待望の中央図書館が新設されました。機能の充実した図書館をと望んでいた市民，特に図書館づくり運動を続けていたグループ（紙芝居グループとも重なる）は，達成感とこれからの期待感でいっぱいになったといいます。

(2) 第1回紙芝居まつりの開催

　その日，柿落としに上演する人形劇の打ち合わせのために新図書館を訪れた阪本一房氏は，ホールの全体を見回しながら「今こそ紙芝居に新しい波を起こさんとあきまへん。ここで紙芝居の会をぜひやりましょ」と担当の図書館員に熱心にすすめたそうです。そして，その熱情はさらに小森時次郎氏（加太こうじの弟子，画家）等とともに「関西紙芝居文化研究会」の発足に発展しました。続けて紙芝居まつりの実行委員会をつくり，翌年，図書館との連携のもとに1989年5月14日，「第1回箕面紙芝居まつり」開催のはこびとなったのです。

　当日，図書館とそれに隣接する芦原公園には，朝から子どもや親が大勢集まり，今までにない紙芝居，おもろい紙芝居の連続に，舌鼓ならぬ感動の拍手がなりやまなかったといいます。そのときに参加した紙芝居の仲間たちが，これに大い

なる自信をもったのはいうまでもありません。当然，来年もやろうということになりました。しかしその頃，みんなの心には今の紙芝居，そしてこれからの紙芝居のあるべき姿を考える余裕が出てきていました。それは，自分たちの紙芝居スタイルをつくる機運が高まってきていたというべきなのかもしれません。

そこで，第2回紙芝居まつりの前夜祭の講師に，大阪国際児童文学館の畑中圭一氏を迎え，「街頭紙芝居」という演目で講演してもらいました。その中で，大道芸，イベント紙芝居とは少し異なる，自分たちがこれからつくる紙芝居の方向性を確認していったのです。つまり，街頭のもつおもしろさをもった新しい紙芝居の追究と創造が，ここにスタートしたのです。

しかし，「これだけではだめやん」「もっと勉強せなあかん」「質を高めな」「よい紙芝居，もっとあるはずや」ということで，「手づくり紙芝居コンクール」を開催して全国の人から応募してもらおう，という話に発展していきました。

(3) 第1回手づくり紙芝居コンクール

コンクールの審査委員長には，みんなが常日頃から敬愛する大阪国際児童文学館長の中川正文氏にお願いしました。中川氏は児童文学者で，児童文化，特に紙芝居に造詣が深く，話がわかりやすくて学生や女性に人気があります。第1回コンクールは，第3回紙芝居まつりと併行して，1991年にその第一歩をしるしました。

応募総数は66，地域別にみると近畿圏を中心に北海道から九州と幅広く，まつりの実行委員たちは，次々と送られて

くる手づくり紙芝居を，こわれものを扱うように一作一作大事に扱ったといいます。みんなの顔がよろこびでいっぱいになった瞬間を，今も時折思い出すと，当時のリーダーたちは口々にいいます。現在は応募総数が200をはるかに超え，地域も大阪を中心に全国ほとんどくまなく網羅し，外国からの応募も毎回10作品以上あるといいますから，積年の重さを感じさせます。

　箕面の手づくり紙芝居コンクールは，他のコンクールと審査方法が少し違います。脚本と絵に加え，二次審査からは「演じる」ことが審査対象となります。演じてはじめて紙芝居として成立する，という確固たる信念がそこにあるからなのです。

(4) 紙芝居まつりは家族ぐるみ，町ぐるみ

　いまや紙芝居まつりには毎回全国から人が集まります。万博や○○まつりという観光のイベントとは違い，紙芝居という一つの文化のために全国から人が来るのです。それも，いい年のおっさんやおばはんの「紙芝居人」が，血相を変えて集まり，再会をよろこび合う，まるで同窓会みたいなところでもあるのです。

　箕面の紙芝居まつりに行って驚くのは，人の多さです。大ホールと同時進行で，ロビーや玄関脇のスペースなど数か所で，さまざまな紙芝居が演じられます。自分の見たい作品・演者をあらかじめプログラムでチェックして，その時間帯にあわせて見て歩きます。時折お目当てのものが重なったり，進行にアクシデントなどがあるとたいへんです。右往左往する観客で，場内はさながらラッシュアワーの駅構内です。

　ここで演じられるのは，ほとんどが手づくり紙芝居です。

こんなにジャンルが豊富だったのかと驚くし，演じ方もそれぞれが個性的で，後ろの脚本を見ながら読む人，舞台の横に立ち脚本を諳んじて演じる人，脚本はそっちのけ，パフォーマンスで輝く人，といろいろです。そして，笑い声と拍手がそこらじゅうから聞こえてきます。大人も子どもも紙芝居の世界にとっぷりとつかります。紙芝居に1日中酔いしれるのです。

　酔いしれさせてくれるのはもちろん，まつりの実行委員会，スタッフの面々，あのおかあちゃんたちにつながる方々です。コンクール，まつりの進行・整理・接待等々を，その年々で色変わりのスタジャンを着て走ってこなしています。もう20回目ともなると，息切れする向きもありますが，この日ばかりは若返ります。自らも紙芝居をつくり，演じ，広める人たちだから，紙芝居のノウハウを知っている人たちゆえのきめの細かい対応ができます。"世の中によい紙芝居を，紙芝居でこの世の中を平和でなごやかな世界に"という目的や使命感があるからでしょうか，それにしてもすごいチームワークです。スタッフの夫という人が，夢中で働くみんなの姿を見ながら，「こんなにすごい営業力，集客力，やる気をもっている社員はうちの会社にはいませんね。みなさん並じゃありません」と感嘆の声を発しておられましたが，かように家族までもまきこむパワーもあります。彼はその日，会場とホテルを結ぶ送迎の役をしてくれていました。

　家族をまきこむのなら，行政の人たちも見えないところでの協力をたしかにしています（図書館員は見えるところで）。市長・教育長を先頭に，全市あげてのまつりなのです。初めて箕面駅に降り立ったとき，駅から続く紙芝居まつりの旗が

会場の図書館まで続いていたのにはびっくりしましたが，同時に，行政の見識，紙芝居を文化と認める深い理解力，そして何より市民文化を大切にする箕面という土地柄に，まつりの成功要因の一つを感じました。箕面はもう紙芝居の町なのです。

(5) 紙芝居の土壌づくり

おまつりというものは，ふつう終わったら後は寂しいものです。「後の祭」なんて嫌な言葉もあります。しかし，箕面紙芝居まつりは終わらないのです。つまり，収穫の終わった畑にお礼肥えをするように，紙芝居土壌をさらに肥えさせ，開墾し，広げる作業が待っているのです。

図書館，保育所，幼稚園，小・中学校等の子どものいるところはもとより，近頃は老人ケア施設に町内会，呼ばれるところにはただちに出かける出前紙芝居，手づくり紙芝居講座，演じ方講座，紙芝居にかかわる講演会，研修会等々，年間を通じて活動が続くのです。

そして2000年，紙芝居まつりが12回目，手づくり紙芝居コンクールが10回目を迎えた頃，紙芝居まつり実行委員会は，団体名を「人と本を紡ぐ会」とし，箕面市の非営利公益市民活動団体に登録しました。図書館を拠点に活動の幅を広げ，市民活動の中核となって今日に至っています。

はじまりは紙芝居でした。その小さな一粒の種が時を経て実り，今は人と本（としょかん）を紡ぐ強い糸となり，さらに豊かな文化運動を繰り広げる力強い母体になったことは，誰もが認めることでしょう。

紙芝居にかかわる我々は，箕面から目が離せないのです。

(6) さいごに——私の阪本一房論
　① 紙芝居ではなく絵芝居である

　私が阪本一房という関西では超有名な，カリスマ的紙芝居人と初めて会ったのは，1991年8月，東京都立日比谷図書館で開催された「第2回手づくり紙芝居まつり」の会場でした。

　そのとき一房さんは『でくの木』（脚本：阪本一房，画：小森時次郎）を，私も自作の『としょかんどろぼう』を演じましたが，その席で意気投合，毎年7月に大阪は箕面市で繰り広げられる紙芝居まつりの話をうかがい，次の年から参加するようになりました。それから一房さんが亡くなるまで，たくさんの刺激をいただき，学ばせていただき，育てていただきました。

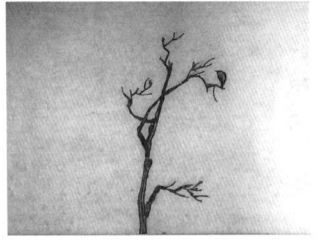

　阪本一房さんという人のプロフィールは次のとおりです。
　　1919年　大阪府吹田市で誕生
　　1949年　街頭紙芝居を始める
　　1975年　人形芝居「出口座」創設
　　1987年　関西紙芝居文化研究会を結成
　　　　　　箕面紙芝居まつりの発起人
　　　　　　箕面手づくり紙芝居コンクール審査員（1〜10

回）

2001年　永眠

　さて，初めて箕面紙芝居まつり（第4回）に参加し，そこで紙芝居を演じたときの衝撃は，今でもはっきり覚えています。まず演者の衣装はみんな黒，紙芝居舞台はライトアップ方式，立ち位置は絵がのぞける前方，みんな脚本を暗記しており，そのため舞台の後ろはあいていません。

　私のあわてようは思い出してもおかしいのですが，それが絵に語らせ，絵を語りで動かす箕面方式だったのです。一房さんが次に言う「絵芝居」のやり方だったのです。

「絵芝居ということ」（『出口座』207号）

　私は今後，創作紙芝居の事を「絵芝居」と言います。私は「絵」で芝居をしているのではなくて「絵」によって芝居をしているのでありますから……（以下略）

「絵芝居ということ　続？」（『出口座』208号）

　私め勝手ながら伝統ある日本の児童文化財「紙芝居」を「絵芝居」などと言いふらし，「紙芝居」を演ろうと思われた方々を惑わすことになって甚だ申し訳ないが，もともと紙人形の立ち絵芝居から「紙芝居」といわれてきたのだと思いますので立ち絵の方が形式としては「紙芝居」と云った方がわかる気がします。「紙人形芝居」から言葉が縮まって「紙芝居」になったのだろうと思います。

　本来の街頭での紙芝居の絵は動いていなければなりませんでした。

　つぎの絵に繋がる動きが必要だったのでしょう。だから，紙芝居業者は誰でも一応は，絵さえ旨く抜いてゆけば物語りを絵が語ってくれたようなものでした。この方がむしろ

紙芝居といったほうが適切だったのかも知れません。今私がいいたいのは、むしろあまり動かない絵を子どもたちの想像によって動かすための絵と演技が必要なのではないかと思います。(以下略)

　以上ですが、このほかに「紙芝居は世界で一番小さな演劇的文化」「演じるのは、一人芝居の俳優」「絵が芝居をする」「絵を演じる」等々の言葉が気になります。

　「脚本を演じる」ことをしている者にとっては、これらの言葉は新しく、魅かれるのですが、ただちにそれを実行したかというとさにあらず、"それもありだろう"などと思いつつ、自らの脚本ですら憶えきる力もなく、また絵を見ても邪念ばかりが飛びかいちらつく不届き者ゆえ、いまだ我流を押し通している次第。しかし、これはたいへん魅力的な方式で、箕面で演じる人たちはみんな生き生きとしていて楽しそうだし、一房さんが演じた数々の作品には、今まで他の人の紙芝居実演には見られなかったものを感じました。中でも、仙台で見せてもらった『たすけて』には、鳥肌が立つくらい驚かされました。

●**作品紹介**　たすけて
作・画：小森時次郎
あらすじ：
　老人病棟の一室、数人が点滴につながれてぼやいています。生きる希望を失った老人たちが一人のもっていた薬を飲みみんな死ぬのですが、主人公だけ生き残ります。絶望した彼は残っていた薬をさらに全部飲み干しますが……まだ生きている……実はそれは白昼夢だったという話。

盟友小森時次郎氏（画家，加太こうじの弟子，故人）の作品です。

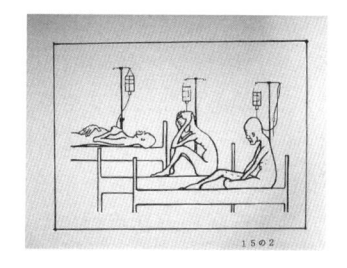

　一房さんはこの作品を淡々と，まさに絵がしゃべっているかのごとく自然に演じました。絵はモノトーン，太い線と細い線がこまやかに使い分けられ，一気に描いたような力強さがあります。裸身の老人男性とベッドのほかは何もありません。

　やりきれなさそうな声，絶望感ではりさけそうな声，あきらめた声を一人一人演じ分け，セリフだけで話をすすめたのです。そこには乾いたユーモアすら感じられたからすごい。そしてそのとき，たしかに絵が動きしゃべったのです。

　これは，活動弁士が画面を見ながら後付けセリフを言うのに似ていますが，しかし活動写真の場合は画面が動くからまだたやすいと思います。静止画像で枚数の少ない紙芝居の場合，瞬時にせりふを言うには，想像力，創造力，そして何より作品全体を見通した構成力が要求されます。なお，3度同作品の実演を見ましたが，記憶どおりセリフはみんな同じでした。絵がしゃべるからとはいえ見事でした。

② 阪本一房紙芝居理論あれこれ

　一房さんが亡くなられる1年半ほど前の夏，私はなぜか思い立って，彼に長いインタビューをしたことがあります。前年，病に倒れ少し不自由になった右の指先をいたわりながら，いくつかの質問に答えてもらいました。ほとんどが会報の『出口座』や『絵芝居』[1)]に断片的に書かれていたことや，お弟子さんたちにいつも言っていた言葉の念押しでもあります。

　〇紙芝居の不易流行について

　松尾芭蕉のいうそれにひっかけて，紙芝居もかくあらねばというのです。つまり，紙芝居も時流に合った新しい表現を常に追い求めていくべきですが，その奥底には紙芝居のもつ伝統，特徴をふまえておくことが大切です。いつの時代にも観衆にあきられないような新鮮味を求める軽やかさが，さらに紙芝居を発展させます。

　〇紙芝居俳句論

　絵が語ることを，しゃべることを当意即妙に代弁する，そのとき，言葉（セリフ）は饒舌であってはなりません。その場面で一番言いたいことを簡潔に確かに表現すべきなのです。無駄のない言葉，セリフが芝居を引き締めます。

　〇間

　すべてを左右する間，「一房さんのは絶妙ですね」というと，「間が悪い」と照れておられました。

　〇近松門左衛門のように

　今が見える紙芝居を描きたい。近松が世相を底本に軽妙洒脱な作品を数多く書き上げていったように，今生きている証になるような，いつも新しいものを考えていきたい。——人形芝居を長く演ってこられたので，近松にはことのほか詳し

かったようです。虚実皮膜論など，演じ方に関する話は尽きませんでした。

③ 絵がしゃべる

お弟子さんが作品を見せにいくと，一房さんは，「アンタ，何を言いたいねん」とよく一喝したといいます。ストーリー展開の必然性，セリフの必然性，そして絵の必然性，せめぎ合うというより拮抗し合う究極の紙芝居を求めたのでしょうか。厳しさの裏に紙芝居にかける情熱を思います。

私も何作か見てもらいましたが，私には遠慮してか，あるいはジャンル違いとみられたか，厳しい言葉はありませんでした。ただあるとき，一言「もっと絵にしゃべらせんと」と言われました。それは気に入った作品だったし，私は脚本も絵も描き，さらに演じるわけだから，一房さんのようにはいかないな，と思っていましたが，後でしっかり的を射た批評だと気がつきました。何回か演じながらわかったのです。一房さんはもうそのときすでに旅立たれた後でしたが，私はあわてて脚本を書き直し，絵を描き直しました。今また新しい作品にとりかかりながら，絵に語らせる脚本，そしてなによりしゃべる絵が，うまく描けずにいます。

私にとって阪本一房は，いつまでも深く心に残る紙芝居人，否，紙芝居名人です。いつも思い出しています。

1）『絵芝居』阪本一房が名付け親の，世界でただ一つの月刊紙芝居専門情報誌。1993年7月創刊。

> チョット
> ひとやすみ

コラム

ストーリーテリングとしての紙芝居
——箕面の紙芝居

　箕面の紙芝居まつりに参加するまで、紙芝居は絵の裏の文字を目で追いながら演じるということは至極当然のことで、日本全国誰もがそうするものと信じていた。

　ところが、初めて箕面で演じようとしたそのとき、紙芝居舞台を見ておおいに面くらい慌ててしまった。なんと、後ろが閉まっている。板が貼ってあって文を見る窓がなかったのだ。

　箕面の演者は全員文を諳んじていたのだ。"ひえっ"と声に出してびっくり仰天。異文化への遭遇にたじろぎながらも、そのときは急遽、後ろあきの並の舞台を用意してもらって事なきを得たが、それ以来、箕面にくると諳んじられないうしろめたさを感じ、まるで教室で他の子と違うユニフォームを着ている子どもの心境に陥ってしまう。

　私の流儀でいけばよいと一応表面は開き直っているが、頭の中にすっかりセリフを入れ込んで語る様子には、いつも圧倒されてしまい気持ちがうろうろしてしまう。

　諳んじて演じる——これは紙芝居を芝居としてとらえ、演者を俳優とすれば、セリフを憶えて舞台に立つのは当然ということだろう。また、箕面の紙芝居は物語を諳んじ、演じて語るゆえにストーリーテリングの一つとして位置づけることもできる。

　私の場合（箕面の演者も皆そうなのだが）、脚本も絵も自らの作だから、諳んじているかのように演じるふり（・・）はできるが、実は文面が頼りなのだ。

　確かに、話を諳んじ、話を咀嚼し、体の中を通し消化し、己の体臭をも付けて語れば人の心をたちまちに捉えてしまうだろう。声の力は文字を読み上げ演じるのとはまったく違う。

　話を自分のものとして自在に語れば、これは紙芝居の醍醐味、演じる喜びの極みであるかもしれない。が、自在であるがゆえに観客を置き去りにする危険もあるだろうし、演技力だ

けが上すべりして絵の存在をないがしろにするきらいもあるのではないだろうか。
　紙芝居が絵と文(脚本)そして演じ方の三つの力が均衡して成り立つものであるということ,そんなことは百も承知で練習に練習を重ねているのが箕面に集う人たちなのだろう。
　今年も,頬を紅潮させ,懸命に紙芝居を演じる子どもたち,そして自信に満ちた表情で自らのストーリーランドに観客を心地よく誘う紙芝居人に出会うために箕面に出かけよう。
　ところで,私にはまだうしろ窓あきの例の舞台の用意を今年もくれぐれもお願いしたい。
(箕面紙芝居まつり2003年度冊子に掲載した文に一部加筆)
★なお,箕面市の紙芝居まつりは毎年7月第2土曜・日曜,箕面市立中央図書館を中心として開催されます。

6章　文化運動としての手づくり紙芝居

主要参考文献

- 上地ちづ子『紙芝居の歴史』(久山社　1997年)
- 今井よね『紙芝居の実際』(基督教出版社　1934年)
- 若杉準治編『絵巻物の鑑賞基礎知識』(至文堂　1995年)
- 秋山光知『王朝絵画の誕生「源氏物語絵巻」をめぐって』(中央公論社　1974年)
- 白畑よし『王朝の絵巻』(鹿島研究所出版会　1968年)
- 子どもの文化研究所・堀尾青史・稲庭桂子編『紙芝居 - 創造と教育性』(童心社　1972年)
- 右手和子『紙芝居のはじまりはじまり－紙芝居の上手な演じ方』(童心社　1995年)
- 山本慶一『えとく・紙芝居・のぞきからくり・写し絵の世界』(白水社　1982年)
- 加太こうじ『紙芝居昭和史』(立風書房　1971年)
- 桜本富雄・今井敏彦『紙芝居と戦争』(マルジュ社　1985年)
- 朝日新聞社編『戦中戦後紙芝居集成』(アサヒグラフ別冊)(朝日新聞社　1995年)
- 上笙一郎・山崎朋子『日本の幼稚園』(ちくま学芸文庫　1998年)
- 日本ペンクラブ編『歌舞伎読本』(福武文庫　1992年)
- 山本武利『紙芝居－街角のメディア』(吉川弘文館　2000年)
- 徳川夢声『話術』(白揚社　1996年)
- 阿部明子・上地ちづ子・堀尾青史共編『心をつなぐ紙芝居』(童心社　1991年)
- 佐々木徳夫編　菅野新一校訂『むがす，むがす，あっとごぬ』(未来社　1978年)
- 阪本一房・堀田穣『紙芝居をつくろう』(青弓社　1995年)

- 人と本を紡ぐ会『ひろがれ紙芝居－箕面手づくり紙芝居コンクール十五周年記念』人と本を紡ぐ会（人と本を紡ぐ会　2005年）
- 子どもの文化研究所『新・紙芝居全科』（子どもの文化研究所　2007年）
- 鈴木常勝『メディアとしての紙芝居』（久山社　2005年）
- 森崎震二・戸田あきら『図書館の力』（新日本出版社　1993年）
- 「特集・高齢者と図書館」『現代の図書館』44巻3号（日本図書館協会　2006年9月）
- バーバラ・T.メイツ　高島涼子ほか訳『高齢者への図書館サービスガイド』（京都大学図書館情報学研究会　2006年）
- 伊東光晴ほか編『老いの発見』1～5（岩波書店　1986～1987年）
- 黒川由起子『回想法・高齢者の心理療法』（誠信書房　2005年）

おわりに——企画者より

　手づくり紙芝居と図書館はなかなか相性がよいのではないでしょうか。実際，神奈川県立図書館や箕面市立図書館のように，20年ほども手づくり紙芝居の講座やコンクールを開いて，着実に手づくり紙芝居を普及し，市民の文化として受け入れられているところがあります。しかも，次第にその参加人数は増えてきつつあるといいます。そうした全国の「手づくり紙芝居文化」を助産師のように，各地に誕生させているのが，本書の著者，ときわひろみさんなのです。

　手づくり紙芝居にとりくんでいる子どもたちの顔は，きらきらしています。やんちゃな子どもも，いつの間にかゲーム機をわきに置いて夢中で紙芝居を描き出すのです。まさに"ときわマジック"です。ときわさんは，誰にでもあたたかい心で接し，いっしょに考えて，どう表現するか，やさしく手を差し延べています。簡単なことではありません。この本は，手づくり紙芝居をはじめてみようという人を励ましてくれます。そして，「たかが紙芝居というなかれ，奥が深ーいぞ」と，手づくり紙芝居の極致をも垣間見せてくれるのです。

　しかし，図書館の側から見てみると，なかなか手強い本ともいえます。「手づくり紙芝居をつくるには，しっかりした図書館が近くに必要なのです」と，言う声がたびたび訴えるように聞こえてくるのです。だからこそ『としょかんどろぼう』は必然的に生まれてきたのでしょう。当初，私が漠然と紙芝居と図書館の可能性を考えていたとき，ときわさんを紹介してくださったのは，ときわさんと同

じ図書館づくり運動にかかわっていた扇元久榮さんでした。図書館と手づくり紙芝居の幸せな出会いを用意して下さったことに、ここで改めて感謝を申し上げます。

　表現することを覚えた人はいきいきとしています。たくさんのよい作品に触れ、たくさんの資料を調べ、自分なりの表現方法を身につけて作品ができるのですから。図書館は労をおしまず資料援助をし、作品を演じ伝えていく場も同時につくるよう求められます。レファレンスと集会機能を存分に発揮させるチャンスです。

　ときわさんが、心の中に誰もが持っている創作への芽を、やさしく育て開花させるように、図書館もまた、知りたい、読みたい、伝えたいという一人一人の心に、応えるところなのではないでしょうか。手づくり紙芝居という、ごくごく小さなコミュニケーションの文化だからこそ、人の温もりが伝わり、その地域の人びとが大切にされ、その地ならではの文化を育む大きな力となるのではないでしょうか。

　ときわさんに「がんばれ！」と図書館が背中を押されているのです。児童サービス担当者も高齢者サービスや障害者サービス担当者も地域資料担当者も、図書館の可能性をこの本からも探していただきたいのです。案外大切なことは、身近に、平凡な顔をしているのかもしれません。

　最後に読者の皆さんに、この本を手にしていただいたことを感謝いたします。読者の皆さんが「手づくり紙芝居」に対して、さらに興味を持ち、同時に、地域の文化や図書館の役割と可能性を考える一助となることができればと願わずにはおられません。

　　　　　　　　　　　　　　　日本図書館協会　出版委員会委員
　　　　　　　　　　　　　　　　　　松島　茂

事項索引

＊本文中の事項を五十音順に配列しました。
＊参照は「→」（を見よ）で表示しました。

【あ行】

後付けセリフ……………………… 181
あらすじ ………………………… 40
安楽庵策伝 ……………………… 11
偉人の紙芝居 ………………… 86,87
「いつ?どこ?誰ゲーム」………… 44
稲庭桂子 …………………… 15,16
色塗り …………………………… 48
印刷紙芝居 …… 14,16,18,80,159,170
歌の紙芝居 ……………………… 162
写し絵 …………………………… 12
右手和子 ………………………… 55
絵を演じる ……………………… 180
絵コンテ ………………………… 45
絵芝居 …………………… 178,179
絵解 ……………………………… 10
絵の具 …………………………… 48
絵の方向 ………………………… 46
絵巻 ……………………………… 9
演じ方 ……………………… 52,57,58
『黄金バット』………………… 14,16
『おじいさんのできること』……… 75
大人のための紙芝居 …………… 146

オノマトペ（擬声・擬音）……… 54,105

【か行】

回想法 …………………… 160,161
街頭紙芝居 …… 14,16,18,60,159,174
学習権 …………………………… 127
家族紙芝居 ……………………… 99
加太こうじ ……………………… 16
紙芝居
　−絵本との違い ………………… 50
　−伝える力 …………………… 72
　−不易流行 …………………… 182
紙芝居効果 …………………… 24,26
紙芝居俳句論 …………………… 182
紙芝居まつり ………………… 62,172
川崎大治 ………………………… 15
環境紙芝居 ……………………… 67
関西紙芝居文化研究会 ………… 173
起承転結 …………………… 42,49,102
基底線 …………………………… 46
脚本 …………………… 38,41,44,96,102
キャラクター ………………… 39,45,96
教育紙芝居 ………………… 15,16,18

郷土資料	165
グループ回想法	160
刑務所図書館	128
公共図書館の理念	127
声の出し方	53,59
国策紙芝居	15
ご当地の話題紙芝居	92
小森時次郎	180,181

【さ行】

阪本一房	172,178
佐藤忠良	16
時代考証	72,106
下絵	47
『市民の図書館』	124
シュールな紙芝居	150
知る権利	127
『人生案内』	15
人生紙芝居	167
水平線	46
スカトロジー	169
ストーリー	38,96
ストーリーテリング	184
生活紙芝居	166
静止画像	75,181
「醒睡笑」	11
世間話の紙芝居	111
セリフ中心	42,74
先進図書館の見学会	124
相互貸借	34
双方向性の文化	16

双方向性のメディア	22

【た行】

体験の紙芝居化	73
太鼓	60
対症療法的紙芝居	117
高橋五山	14
立ち絵	13
縦書文化	9
団体貸出	159
地域の情報センター	35,89
近松門左衛門	182
地の文	42,54
地平線	46
町村立図書館の設置率	34
著作権法	17
「つくろう　かんたん　紙芝居」	65-66
手づくり紙芝居	16
－図書館	32
手づくり紙芝居コンクール	61,85,172
デフォルメ	46
出前紙芝居	177
伝説紙芝居	106
伝道紙芝居	14
徳川夢声	55
図書館構想	124
図書館資料	33
図書館づくり運動	121,130,156
図書館デビュー	32
『としょかんどろぼう』	121,126,131-145
「図書館の五原則」	129

図書館のこころ	130
図書館の三要素	124
図書館まつり	123

【な行】

中川正文	174
日本国憲法	127
認知症予防・緩和の回想法	160
抜き方	56
ぬり絵式紙芝居	15
のぞきからくり	11
のぞきめがね	11

【は行】

箱絵	45,46
箱書き	42
箱文	41
バック	48
バトラー（R. Butler）	161
場面数	43
場面分け	41
引戸文化	9
B級紙芝居	155
人と本を紡ぐ会	177
表紙	46
拍子木	60
平絵	13
福祉紙芝居	79
腹式呼吸	59
伏線	41
節談説法	11

舞台	52,60
普遍性	40
ふるさとの昔を伝える紙芝居	164
文庫	122,156
平和紙芝居	72,75
『平和のちかい』	16
ペープサート　→立ち絵	
保育紙芝居	14
保育者の手づくり紙芝居	95
防災紙芝居	112
防犯紙芝居	116
骨組み	39
本描き	48

【ま行】

幕紙	58
間のとり方	54
民俗芸能と紙芝居	69
民話紙芝居	101,111
昔話紙芝居	101
眼鏡絵	12
メッセージ	40
免疫細胞	148

【ら・わ行】

リクエスト	34,89,129
レファレンス	-35
老人介護と紙芝居	155
ロボット図書館	128
ロールプレイング	44
『話術』	55

●著者紹介

ときわひろみ（常盤　洋美）
紙芝居作家，紙芝居実演家，絵本研究家。
福岡県大牟田市不知火町にて出生，横浜育ち。現在，仙台市在住。図書施設との初めての出会いは小学校の学級文庫。爾来，各地各種の図書館をよく利用しまくり，持てる知識の半分以上は図書館資料と確信。出版社勤務，鶴見大学で司書資格取得。
1979年，宮城県泉市の自宅で「どんぐり文庫」を主宰（2003閉庫）。泉手をつなぐ文庫の会に入会，図書館づくり運動に参加し，図書館についての勉強開始。学習会，行政への陳情，公開質問状の提出，図書館見学会など活発に活動。この頃より手づくり紙芝居に熱心に取り組む（現在まで100本以上製作）。
1982年，紙芝居『としょかんどろぼう』制作，1983年，紙芝居『おじいさんのできること』（カタツムリ社）で第22回五山賞特別賞受賞。1988年『続としょかんどろぼう』制作（この年，泉市が仙台市と合併，1990年には待望の仙台市泉図書館（分室9）が開館）。
1990～2001年，泉おはなしの会代表，1995年から現在まで「みやぎ紙芝居の会」「おはなしどんぐり」主宰。
仙台社会福祉協議会紙芝居作成委員，仙台の昔を伝える紙芝居作り実行委員，みやぎ親子読書をすすめる会運営委員，神奈川県手づくり紙芝居コンクール審査委員のほか，シニアのためのおはなし会講師，各地の図書館・公民館・学校等での「手づくり紙芝居講座」講師などをつとめる。
おもな作品：
『いたずらぽっぽどけい』藤枝つう画　童心社　1982
『おじいさんのできること』脚本・画　ときわひろみ　カタツムリ社　1982

『おとうさんのひみつの木』夏目尚吾画　仙台社会福祉協議会 1997
『はたらくじどうしゃかぞえうた』高橋透画　童心社　2001
『ほねほねマン』やべみつのり画　童心社　2005
『はじめよう老人ケアに紙芝居』遠山昭雄監修　共著　雲母書房 2006
『新・紙芝居全科：小さな紙芝居の大きな世界』文民教育協会子どもの文化研究所編集・発行　2007
『認知症を予防することば遊び回想法』　雲母書房　2009

視覚障害者その他活字のままではこの本を利用できない人のために，日本図書館協会及び著者に届け出る事を条件に音声訳（録音図書）及び拡大写本，電子図書（パソコンなど利用して読む図書）の製作を認めます。但し，営利を目的とする場合は除きます。

EYE LOVE EYE

◆ JLA 図書館実践シリーズ　11

手づくり紙芝居講座

2009 年 3 月 20 日　　初版第 1 刷発行 ©
2012 年 3 月 20 日　　初版第 2 刷発行

定価：本体 1900 円（税別）

著　者：ときわひろみ
発行者：社団法人　日本図書館協会
　　　　〒104-0033　東京都中央区新川1-11-14
　　　　Tel 03-3523-0811(代)　Fax 03-3523-0841
デザイン：笠井亞子
印刷所：アベイズム㈱　Printed in Japan
JLA201127　　ISBN978-4-8204-0824-6
本文の用紙は中性紙を使用しています。

JLA 図書館実践シリーズ　刊行にあたって

　日本図書館協会出版委員会が「図書館員選書」を企画して20年あまりが経過した。図書館学研究の入門と図書館現場での実践の手引きとして，図書館関係者の座右の書を目指して刊行されてきた。

　しかし，新世紀を迎え数年を経た現在，本格的な情報化社会の到来をはじめとして，大きく社会が変化するとともに，図書館に求められるサービスも新たな展開を必要としている。市民の求める新たな要求に対応していくために，従来の枠に納まらない新たな理論構築と，先進的な図書館の実践成果を踏まえた，利用者と図書館員のための出版物が待たれている。

　そこで，新シリーズとして，「JLA図書館実践シリーズ」をスタートさせることとなった。図書館の発展と変化する時代に即応しつつ，図書館をより一層市民のものとしていくためのシリーズ企画であり，図書館にかかわり意欲的に研究，実践を積み重ねている人々の力が出版事業に生かされることを望みたい。

　また，新世紀の図書館学への導入の書として，一般利用者の図書館利用に資する書として，図書館員の仕事の創意や疑問に答えうる書として，図書館にかかわる内外の人々に支持されていくことを切望するものである。

2004 年 7 月 20 日
日本図書館協会出版委員会
委員長　　松島　茂